KB147959

대중 예술론과 영화감상 이론

김영숙 지음

바른책

차례

서문

우리는 인류 역사상 최초의 대중 예술 시대에 살고 있다. 예술이 더 이상 권력자나 귀족과 같은 특권층을 위해 존재하지 않고 본격적으로 대중을 위해 생산되고, 대중에 의해 소비되어 온 지는 불과 백 년이 조금 지났다. 과거 소수의 특권층을 위한 고급 예술은 새로 탄생한 대중 예술에 비해 질적으로 훨씬 우수한 면이 있는 게 사실이다. 이런 배경 하에서 수많은 예술이론가들은 예술의 질적 저하를 우려하며 대중 예술에 대해 비관적 전망을 쏟아냈다. 그들의 대중 예술에 대한 불신에도 불구하고 지금 우리에게 대중 예술은 너무나 필연적 대세가 되어 있고, 개중에는 고급 예술 못지않게 훌륭한 대중 예술이 많이 생산되고 있다. 그러나 작금의 상황이 대중 예술의 여러 문제점들을 눈감을 수 없는 것 역시 부정하기 어렵게 명백하다. 따라서 우리는 전문적 예술이론가들의 대중 예술론을 통해 좋은 대중 예술과 나쁜 대중 예술을 가르는 기준의 문제나 대중 예술이 나아갈 방향 같은 것을 점검해볼 수 있는데, 이때 중요한 것이 과거 고급 예술과의 다양하고 생산적인 대화나 교류가 아닐까 싶다.

마지막으로 헤겔 미학은 그 관념적인 성격에도 불구하고 예술의 가장 근본적인 본질에 대해 매우 유익한 수많은 통찰을 주고 있다. 더욱이 리얼리즘 예술철학의 대가인 루카치와의 연계성은 특히 주목할 만하다. 예술, 특히 문학에 있어서 19세기 리얼리즘 이후 의식의 흐름, 메타 픽션, 환상적 기법, SF, 환상적 리얼리즘 등 다양한 포스트모더니즘 현상이 나타났다. 이러한 현대 포스트모더니즘 문학 기법도 사실상 19세기 리얼리즘에 대한 심오한 이해와 생산적 대화를 거치지 않으면 매우 피상적인 수준에 머무를 것이 분명하다. 이런 관점에서 우리는 헤겔 미학의 현재성을 다시 한 번 점검해 볼 필요가 있다 하겠다.

1.

대중 예술에 있어서 예술성의 문제

요약

'대중예술은 진정한 예술이 아니다'라는 생각은 몇몇 입장들 위에서 공유된 것이다. 본 논문은 그 각각의 입장은 과연 타당한 것인가를 살펴보고, 만약에 대중예술이 진정한 예술 중 하나라고 한다면, 대중예술의 예술성은 과연 무엇인가를 논해 보고자 한다.

맥도날드에 따르면 대중예술은 고급 예술이 갖고 있는 개성있는 표현을 보여주지 못하기 때문에 진정한 예술이 아니며, 그린버그에 따르면 대중 예술은 독자로 하여금 능동적인 반응을 이끌어 내지 못하기 때문에 진정한 예술이 아니다. 그러나 캐롤이 비판하는 바와 같이 대중예술은 채플린의 영화나 오손 웰스의 〈시민 케인〉이 보여주었듯이, 개성있는 표현을 만들어냈으며, 능동적인 반응을 이끌어내었다.

콜링우드에 따르면 대중예술은 감정 환기적이며, 공식을 사용하는 예술이기 때문에 진정한 예술이 되지 못한다. 그러나 고급 예술 역시 정도의 차이가 있을지언정 공식들을 사용하고 있으며, 그리이스 비극에서 볼 수 있듯이 감정 환기적이다.

캐롤에 따르면 대중예술은 최다수의 훈련받지 못한 대중에게 쉽게 접근할 수 있도록 의도적으로 고안된 예술이다. 그러나 이러한 캐롤의 개념은 대중예술의 다양성과 폭을 상당히 훼손시킨다. 대중예술은 비록 짧은 역사일지언정 지금까지 새로운 실험이나 변신을 경험해 왔다. 또한 현대 사회에 있어서 대다수의 대중은 더 이상 '교육받지 않은' 자가 아니라 충분히 교육받은 자라는 것이 사실이다.

대중예술은 통속성을 배제하는 고급예술과 달리 통속성을 포함하는 현실 세계에서 끊임없는 소재와 내용을 받아들이고, 도식을 사용하되 혁신과 실험을 통해 새로운 도식들을 만들어 낸다. 결국 대중예술의 예술성은 현실 세계 속에 살아가는 대중과의 커뮤니케이션에 의해 역동적으로 만들어지는 것 속에 있다.

핵심 용어

대중예술, 고급 예술, 개별적 표현, 수동적 반응, 훈련받지 않은 청중

주제 분야

예술철학, 대중예술론

ABSTRACT

The argument, that mass art is not the genuine art, has been spread on some standpoints. This paper tries to argue whether each of the standpoints is proper or not and if mass art is the genuine art, what the essence of mass art is.

According to MacDonald, mass art is not proper because mass art does not show the personal expressiveness of high art, and according to Greenberg it is not the genuine art in that mass art is not capable to elicit an active response from the spectators. But the mass artworks like Chapline's movies and 〈Citizen Kane〉 express the artist's personality and elicit an active response.

According to Collingwood, mass art is not the genuine art because of the formulas it uses. But in a sense the high art also uses the formulas.

According to Carroll mass art is the one that is intentionally designed to be accessible to mass untutored audiences. But this concept damages the diversity, scope and quality of mass art.

Although the history of mass art is short, mass art has experienced the continuous changes. And now in our society most of mass is not any more 'untutored', but is fully educated. In contradiction to the high art, mass art continuously accepts the material and contents from the real world. It uses the formulas and through the reform and the experiments tries to make the new formulas. Finally the essence of mass art is in that it is made dynamically by the communication with mass in the real world.

Key words

mass art, high art, personal expressiveness, passive response, the untutored audiences

1. 들어가는 말

지난 세기를 지나 오늘날에 이르기까지 대중 예술은 영화, 대중음악, 만화, 애니메이션, 코미디, 텔레비전 드라마 등 가히 기하급수적이라고 할 만큼 팽창, 발전해 왔고, 그 결과 대다수 현대인의 삶과 분리불가능하게 혼용되어 있는 것이 사실이다. 이러한 현상을 고려할 때 대중 예술은 가히 이 시대를 대표하는 전형적인 예술이라 부를 수 있을 정도라 하겠다. 그러나 이러한 현 상황에도 불구하고 대중 예술에 대한 예술 철학적 논의에는 이렇다 할 만한 합의나 괄목할 만한 진전이 없는 것 또한 사실이다. 대중 예술이 현재 양적으로 급팽창하고 있을 뿐 아니라 질적으로도 매우 다양하게 변화하고 있는, 대표적인 이 시대 예술임에도 불구하고, 합당한 자기의 존재 이유와 존립 근거를 제대로 확보하지 못한 것은 무엇보다 '대중예술은 진정한 예술이 아니다'라는 매우 강력한 선입견(?)이 작용한 탓이라고 보아야 할 것이다.

이러한 선입견은 단순히 막연하게 우리가 공유하고 있는 무의식적인 함의이지만, 그 기저에는 일정한 역사적 배경 속에서 탄생하고, 광범위하고도 강력한 지지를 얻었던 예술 철학적 입장과 이러한 미학적 태도를 가지고 작업을 했던 일련의 예술가들과 예술이론가들의 생각이 놓여 있고, 이를 통해 오랜 기간 동안 형성되어 온 것이다.

'대중예술은 진정한 예술이 아니다'라는 생각은 서로 연결될 수 있지만, 분리 가능한 몇 가지 입장들 위에서 공유된 것이다. 본 논문은 그 기본적 입장들 하나하나가 과연 타당한가, 타당한 측면은 무엇이고, 타당치 않은 측면은 무엇인가, 그리고 만약에 대중 예술도 진정한 예술 중 하나라고 한다면, 대중 예술의 예술성은 과연 무엇인가 하는 문제를 탐구하고자 한다. 이러한 과정을 통해 본 논문은 좋은 대중 예술과 좋지 않은 대중 예술을 구분하는 잣대를 마련해보고자 시도하고, 이를 통해 대중 예술의 발전에 조금이나마 기여하고자 한다.

2. '대중예술은 몰개성적이다'라는 입장에 대하여

이러한 입장을 대변하는 맥도날드의 'A Theory of Mass Culture'의 내용을 살펴보면, 맥도날드는 대중 예술만의 고유한 특징을 다수의 대중 관중에 의한 소비를 위해 생산되는 것에서 찾았다. 맥도날드에 의하면 예술이 예술로 적합하게 불리기 위해서는 독특한 표현성을 가져야만 하는데, 대중 예술의 특징은 고급 예술의 개인적 표현성과 대비되는 몰개성성이라는 것이다. 예컨대 헐리우드 영화와 같은 미국 대중 예술도 고용된 개성없는 (faceless) 모임에 의해 제작된 것이라고 비판한다. 뿐만 아니라 맥도날드에 따르면 이익을 얻기 위해 다수의 감상자를 확보하는 것을 목적으로 하는 대중 예술은 다수의 감상자에게 호소하기 위해 몰개성적이고 균일화되어야 한다. 다시 말해 대량 소비를 위해 제작된 상품으로서의 대중 예술은 그 잠재적 소비자들의 취미, 감성, 그리고 지성의 공통분모를 목표로 하지 않을 수 있으며, 가정 상 이 공통분모는 매우 낮은 수준의 표현성, 지성, 그리고 취미가 될 것이라고 본다. 게다가 이러한 문제는 시간이 지날수록 더울 더 악화될 뿐인데, 그 결과 감상자들의 취미, 감성, 지성의 나선형 의 하강이 일어난다는 것이다.[1]

이와 같은 맥도날드의 입장에 대해 제일 먼저 지적할 수 있는 것은 대중 예술을 만들어내는 대중 예술가들이 모두 다 다수의 대중 관중에 의한 소비를 위해 대중 예술을 생산하는 것은 아니라 는 사실이다. 대중 예술가들 중에는 비록 소수일망정 자기 자신이 포함된 소규모 그룹에 의해 사랑받고 이해받기 위해 작품을 만들 어내는 대중 예술가들도 종종 존재한다. 예컨대 현대 대중음악의 대표적 장르로서 오늘날 가장 급속히 성장하고 있는 랩 또는 힙 합[2]은 애초에 미국 사회 대다수 대중들에게 소비되기 위해 만들 어진 것이 아니다. 랩은 미국 사회의 흑인 하층민들, 그 중에서도 특히 흑인 청소년들이 자신들의 빈민가 삶의 경험과 흑인으로서의 정체성 및 자긍심을 표현하기 위해 만들어낸 새로운 장르이다. 또 한 랩은 단순한 청취가 아닌 움직임을 통해 감상되는 댄스 뮤직으 로 시작했다. 랩이 처음으로 라디오 방송을 탄 것은, 그리고 처음 으로 음반으로 나온 것은 1979년에 이르러서이다.

그러나 일보 양보해서 맥도날드의 주장대로 수많은 대중 예술가

---

1) Dwight MacDoald, 'A Theory of Mass Culture', in *Mass Culture : The Popular Arts in America, pp.16-24*
2) '힙합'은 랩보다 더 광범위한 유기적인 문화 복합체를 가리킨다. 이것은 브레이크 댄싱과 낙서를 포함하며, 일정한 스타일로 이루어지기는 하였으나 캐주얼한 복장의 양식을, 예 컨대 높다란 운동화를 유행시킨 복장의 양식도 포함한다. 랩 뮤직은 브레이크 댄서들을 위한 장단을 제공한다. (참고,『프라그마티스트 미학』, 리차드 슈터만 지음, 266쪽)

들이 다수의 대중 관중에 의한 소비를 위해 대중 예술을 생산한다고 하더라도, 이러한 사실 때문에 대중 예술이 고급 예술이 갖는 개인적 표현성을 갖지 못하고, 몰개성적이라는 비판을 받아야 할 이유는 없다. 왜냐하면 대중 예술가들이 대중들에게 이해받고, 사랑받기 위해 굳이 지나치게 복잡하거나 난해하게 작품을 만들려고 하지는 않겠지만, 그렇다고 자기가 표현하려는 바를 독특하고도 개성있게 만들어내지 않을 이유는 없기 때문이다. 오히려 맥도날드의 주장과는 다르게 대중들이 이미 낡아빠진 표현방식을 반복해서 사용하는 대중 예술을 접했을 때 식상하다고 외면하는 경우가 비일비재하다. 이렇게 보았을 때 대중 예술가가 자기가 표현하려고 하는 것을 의도적으로 어렵게 표현할 이유는 조금도 없지만, 그렇다고 자기가 표현하려는 자기만의 독창성을 포기해야할 이유도 존재하지 않는다.

뿐만 아니라 여기에서 한 걸음 더 나아가 대중 예술이 대량 소비를 위해 제작되기 때문에 잠재적 소비자들의 취미, 감성, 그리고 지성의 공통분모를 목표로 하게 되고, 그 결과 감상자들의 취미, 감성, 지성의 점진적 하락이 일어난다는 맥도날드의 예견은 대중 예술의 실제 상황과는 부합하지 않는다. 오히려 근래 들어와 두드러지게 나타나는 새로운 조류로서의 고급 예술과 대중 예술의 혼합 및 크로스 오버 현상이나 대중 예술의 질적 다양화 현상은 맥도날드의 우려가 한낱 기우에 불과한 것이었음을 증명해 보여주고 있다.

캐롤 역시 A Philosophy of Mass Art 에서 다수의 감상자에게 공통적인 것과 차별적인 표현성이 양립 불가능한 것이 아님을 내세워 맥도날드를 비판하고 있다. 예컨대 찰리 채플린, 버스터 키튼, 히치콕 등의 감독들은 높은 수준의 독창적인 표현을 달성했으며, 대중음악의 경우에도 수많은 가수들이 자신들만의 고유한 스타일을 갖고 있다고 반례를 들고 있다. 다시 말해 특정한 표현이 독창적이라는 것, 그것이 다수의 감상자의 공통적 이해에 접근불가능하다는 것을 함축하지는 않는다는 것이다.3)

또한 캐롤은 가능한 최대 다수의 감상자를 위해 대중 예술품이 감상자의 취미, 감성, 지성의 최저 수준으로 향한다고 보는 맥도널드의 가정에 대해 이것이 경험적으로 지지되지 못한다고 반박하고 있다. 예컨대 맥도날드의 논리대로라면, 대중 예술은 하드코어 폭력 포르노그라피로 하향해야 할 것이지만, 감상자 대중의 낮은 취향에 호소하는 것은 오히려 평균적인 취향과 감성을 가진 소비자를 배제하기 때문에 수많은 대중 예술 제작자들이 폭력적 포르노그라피를 피한다는 것이다.

이집트 시대 예술가들이 파라오 왕의 만족을 위해 예술 작품을 만들어내고, 18세기 유럽에서 베토벤이 귀족들을 의식해서 작품을 만들었다고 해서 그들의 창작활동이 잠재적 작품 수용자들의 수용 능력에 의해 제한되거나 귀속되지는 않았다. 예술가들의 창조성이 때때로 그리고 부분적으로 그 수용자들에 의해 방해받을 수는 있지만, 이들에 의해 결정적으로 규정된다고 보는 것은 예술가들의 권한과 자율에 대한 심각한 오해이며, 이러한 측면을 유독 대중 예술가들에게만 적용한다는 것은 대중 예술가들에 대한 부당한 편견의 결과라고 보아야 할 것이다. 예술가들이 자신의 독창성을 발

---

3) N. Carroll, *A Philosophy of Mass Art*, p.25

휘하기 위해 기존의 예술 표현 방식을 바꿀 때마다 예술 감상자들에 의해 잘 이해받지 못할 것에 대한 두려움은 어느 시대에서나 존재했었다. 대중 예술가들 역시 대중들에 의해 이해받지 못할지 모른다는 두려움을 가질 수는 있지만, 그렇다고 대중 예술가들만이 그 두려움에 굴복하고 자기만의 독창성을 포기한다는 것은 온당하지 못하다. 이와는 반대로 오히려 적지 않은 대중 예술가들 역시 과거의 예술가들과 마찬가지로 끊임없이 새로운 것을 표현해야 한다는 강박관념에 시달린다는 점을 부정해서는 안 될 것이다.

3. '대중 예술은 자율적이지 못한, 수동적 예술이다'라는 입장에 대하여

그린버그는 그의 논문 'Avant-Garde and Kitsch'에서 진정한 예술로서의 아방가르드와 진정한 예술의 대용물로서의 키치, 또는 대중 예술을 대비시키고 있다.4) 그린버그에 따르면 아방가르드는 모든 가치를 시장 가치로 환원시킨 자본주의 사회에 있어서, 사회의 나머지 것들에서 동떨어져 있음으로써, 즉 자율적인 것이 됨으로써 과거의 문화 가치를 보존하고 있는 예술이다. 그린버그에 따르면 진정한 현대미술, 즉 아방가르드 예술은 추상적인 반면 대중 예술은 명백히 재현을 선호한다. 아방가르드 예술은 반성적이지만

---

4) Clement Greenberg, Avant-garde and Kitsch, in *Clement Greenberg : The Collected Essays and Criticism*, vol. i, ed. J. O'Brien (Chicago : University of Chicago Press, 1986), pp. 5-22

대중 예술은 모방적이다. 아방가르드 예술이 내향적, 즉 그 자신에 관한 것이라면 대중 예술은 외향적, 즉 세계에 관한 것이다. 아방가르드 예술이 실제적 일상사에 초연하고 무관심적인 반면, 세계의 재현을 통해 대중 예술은 실제적 관심사에 연루되어 있다. 아방가르드 예술은 실제적인 일상사의 세계와 단절되었다는 의미에서 자율적이고, 예술 그 자체를 위한 예술이며, 절대적인 예술이며, 순수 예술이지만, 대중 예술은 타율적인, 혹은 불순한 예술이다.

더 나아가 아방가르드 예술을 감상하기 위해서는 모종의 지식과 배경 정보가 작동해야 하는 반면에 키취나 대중 예술은 소비하기가 용이한 '무반성적 향유'를 포함하고 있다. 그린버그에 따르면 아방가르드 예술, 진정한 예술은 어렵기 때문에 관람자로부터 반성 혹은 능동적 반응을 이끌어내는 능력을 갖고 있음에 반해, 대중 예술은 소비하기 쉽기 때문에 수동적 관람 자세를 초래한다. 그린버그에 따르면 능동적 관람 자세를 이끌어 내는 능력을 갖기 위해 진정한 예술은 어려워야만 하며, 능동적 관람 자세를 장려하지 않는 대중 예술은 진정한 예술이 아니다.

먼저 그린버그가 큐비즘에서 추상표현주의로 나아간 아방가르드 예술을 진정한 예술로 본 것은 그것이 자본주의 사회의 가치에 대해 초연하고 무관심하다는 점 때문이다. 그와는 다르게 대중 예술은 시장 가치에 의해 지배되는 자본주의 사회로부터 초연하지 못하다는 점에서 진정한 예술이 되지 못한다는 것이다. 그러나 큐비즘에서 추상표현주의로 나아간 아방가르드 미술이 재현에 몰두하지 않고, 회화적 매체에 몰두하게 된 것은 한편으로는 사진이라는,

16

회화보다 월등한 새로운 재현 수단의 탄생으로 인해 야기된, 회화 예술의 정체성 문제 때문이며, 다른 한편으로는 기존 제도권에 안주한 채 예술가라는 엘리트 계층의 자기 권위와 이익을 추구한 결과이다.

예술이 탄생한 이래 각 시대마다 예술은 일정한 세계관과 가치관을 갖고, 자기가 속해 있는 세계를 일정한 방식으로 재현하고, 세계에 대한 경험과 관심을 표현해 왔다. 그럼에도 불구하고 아방가르드 예술이 의도적으로 자기가 속해 있는 자본주의 사회에 대해 적극적인 관심을 표명하지 않은 것은 그 자체 또 다른 방식으로 자기 사회에 대한 자기 나름의 입장이나 가치관을 표현한 것일 뿐이다. 그들이 자본주의 사회의 속물적 가치를 무시하는 것이 개인적인 순결성을 표현하는 것일 수는 있지만, 자본주의 사회의 제반 가치를 직접적으로 드러내놓고 다루는 대중 예술이 진정한 예술이 아닐 이유는 없다. 뿐만 아니라 대중 예술은 결코 자본주의 사회의 속물적 가치를 맹목적으로 추종하지만은 않는다. 인간이 육체를 갖고 있는 존재인 한 인간은 결코 속물적 가치로부터 완전히 자유로울 수는 없다. 오히려 영화를 포함한 수많은 대중 예술들은 자본주의 사회의 속물적 가치의 위력을 인정하면서, 그 속에서 벌어지는 인간 삶의 다양한 양상에 대해 관찰하고 표현한다는 점에서 정직하며, 인간적이다. 예컨대 오손 엘즈의 〈시민 케인〉이나 프랜시스 코플라 감독의 〈대부〉는 자본주의 사회의 속물적 가치의 추구가 가져다주는 허망함을 잘 그려내고 있다.

물론 보다 많은 대중 예술들이 자본주의 사회의 속물적 가치를 무비판적으로 추종하고 있는 것이 사실이다. 그러나 일정한 경제적 여유를 바탕으로 인간의 통속성을 무시한 채 자기의 정신적 가치만을 추구하는 아방가르드 예술가의 세계가 일상적 삶 속에서의 통속적 만족을 보다 추구하는 대중 예술의 세계보다 반드시 우월하다고 볼 이유도 없다. 지금까지 고급예술이 통속적 가치를 배제시킨 데에는 육체적이고 감각적인 것을 무시하는 금욕주의적 가치관이 작용한 결과이면서 동시에, 정신적이고 지적인 것에 대한 지식인들의 헤게모니에 대한 집착이라고 볼 수 있다. 과거의 시대와 비교할 수 없을 만큼 생산력이 발전된 후기 자본주의 시대에 와서야 비로소 대다수의 대중은 자신의 육체적 욕구를 충족시킬 수 있게 되었다. 대중 예술은 지금까지의 고급 예술이 감추고 경멸했던 인간의 통속성을 정직하게 인정하고 표현해냄으로써 예술의 새로운 경지, 즉 예술의 일상과의 진솔한 만남을 가능케 했다고 할 수 있다. 통속적 가치를 무시하지 않는 대중 예술은 오히려 대중 예술이 갖는 진정한 힘이다. 다만 통속적 가치만을 추종하는 대중 예술은 정신적 가치만을 추구하는 고급 예술처럼 일면적일 수 있다는 점은 인정해야 할 것이다.

그린버그는 아방가르드 예술의 자율성을 자신이 속해 있는 세계에 대해 초월적이라는 의미에서 사용하고 있다. 가장 거시적인 의미에서 볼 때 예술은 자기 시대를 결코 초월할 수 없다는 점에서 예술의 자율성은 인정될 수 없다. 자기의 예술이 자기 시대를 초월해 있다는 언급은 자기 시대에 대한 또 다른 하나의 입장 표명일 뿐이다.

다음으로 그린버그는 아방가르드 예술을 감상하기 위해서는 모종의 지식과 배경 정보가 작동해야 하는 반면에 대중 예술은 소비하기 쉽기 때문에 수동적 관람 자세를 초래하며, 능동적 관람 자세를 요구하지 않는다는 점에서 진정한 예술이 아니라고 보았다. 일반적으로 대중 예술은 고급 예술과 달리 특별한 예술 교육을 받지 않아도 감상할 수 있게끔 쉽게 만들어진다. 후기 자본주의 사회에서 대중은 충분한 예술 교육을 받지도 못했을 뿐 아니라 예술을 감상할 충분한 정신적, 시간적 여유도 갖고 있지 못하다. 그런데 단지 이해하고 감상하기 쉽게 만들어졌다는 것이 문제가 된다는 것은 납득하기 어렵다. 하나의 예술 작품이 예술가가 표현하려는 바를 감상자에게 제대로 전달하지 못한다는 것은 문제가 될 수 있다. 만약에 예술 작품이 감상자와 커뮤니케이션이 되지 않아 아무런 감흥이나 기쁨을 주지 못한다면, 이것은 잘 만들어진 예술 작품이라고 하기 어렵다. (후세의 감상자까지 포함하여) 그러나 한 예술 작품이 단순한 내용이나 구조로 인해 전달이 잘 되고, 그것이 감상자에게 감동과 재미를 느끼게 해준다면 그것은 마땅히 훌륭한, 진정한 예술 작품으로 인정해야 할 것이다.

뿐만 아니라 여기에서 그린버그가 얘기하는 수동적인 관람 태도라는 개념의 모호성도 한번 짚고 넘어갈 필요가 있다. 대중 예술을 감상할 때 대중들은 결코 수동적이지만은 않을 뿐 아니라 누구나 똑같이 반응하지도 않는다. 비록 고도의 전문적 지식을 활용한 감상 태도를 갖고 있지는 않을지언정 대중들은 각자 자기 나름으로 대중 예술을 감상한다. 예를 들어 존 피스크에 따르면 도시에 살고 있는 호주 원주민들은 TV 서부극을 자신들의 목적에 따라 사용할 수 있다. 그들은 백인 개척자들의 화차가 인디언들에게 둘러싸이고 백인들이 죽임을 당하는 장면을 보고 환호하는데, 이것은 이 장면에서 시청자들이 공포심을 느낄 것이라고 기대하는 그 서부극 제작자의 의도와는 다르며, 이들은 이 장면을 백인 제국주

의의 좌절을 경축하는 기회로 새롭게 의미를 부여한다는 것이다.5)

캐롤 역시 영화 〈시민 케인〉이나, TV 시리즈 〈형사 콜롬보〉를 예로 들어 대중 예술작품의 접근 용이함이 능동적 감상 태도와 양립가능하다고 주장하고 있다. 왜냐하면 이러한 탐정물의 경우에 감상자는 내용의 전개에 따라 끊임없이 나름대로 추리작용을 해야 하며, 앞으로 일어날 사건들을 예측하며 능동적으로 감상하기 때문이다.

여기에서 한걸음 더 나아가 대중음악인 록은 음악과 더불어 율동, 춤, 노래를 통해 통상 즐겨지며, 때때로 땀을 쏟아내게 하는 그리고 결국 우리를 탈진시키는 격렬한 노력을 수반한다. 슈스터만에 따르면 분명 육체적 차원에서는 고급 음악보다 록 음악을 감상할 때 훨씬 더 노력이 필요하다. 오히려 고급 음악의 연주회는 대중들로 하여금 수동성뿐만 아니라 잠까지도 유발시키는 정지된 침묵 속에서 앉아 있을 것을 강요한다. '펑키'(funky)라는 용어는 '적극적인 땀'이라는 의미를 지니는 아프리카 말에서 유래하였다. 그리고 비정열적인 판단을 통한 거리두기가 아닌 격렬하게 능동적이고 정력적이고 활동적인 반응은 무관심적이고 원거리적인 관조라는 전통적인 미적 태도가 근본적으로 수동성을 지니고 있음을 폭로한다는 것이다.6)

일반적으로 대중 예술은 특별한 전문 지식이나 훈련 없이도 이해하고 감상할 수 있게 만들어져 있다. 그런 점에서 대중 예술을 감상하는데 별다른 지적 수고나 필요치 않을 수 있다. 그러나 그린버그가 주장하듯 단지 이러한 측면 때문에 대중 예술이 진정한

5) John Fiske, *Television Culture*, London : Methuen, 1987
6) 슈스터만, 앞의 책, 241쪽

예술이 아니라는 논리는 가당치 않다. 만약에 그린버그의 논리가 타당하다면, 내용이나 구조가 단순하여 이해하기 쉽지만, 훌륭한 예술적 가치를 지닌 수많은 이전의 고급 예술들은 모두 다 진정한 예술이 아니게 된다. 또 거꾸로 대중 예술의 발전이 시간적으로 어느 정도 진행된 현재, 예컨대 이전 작품들을 차용하거나 변용해 사용하는 대중 예술 작품들을 감상할 경우 이전의 작품들에 대한 이해나 지식이 필요하기 때문에 이러한 작품들은 더 이상 대중 예술이 아닌 작품이 되어 버리는데 이러한 논리 역시 납득하기 어려운 것이다.

4. '대중 예술은 감정 환기적이며, 공식적인 예술이다'라는 입장에 대하여

콜링우드는 The Principles of Art 에서 오락 예술을 진정한 예술의 반대인 '사이비 예술'이라 부르고 있다. (캐롤은 콜링우드가 직접 대중 예술에 대해 언급하고 있지는 않지만, 대중 예술이 콜링우드가 말하고 있는 오락 예술의 주요한 변종이라는 점에서 그의 오락 예술 비판을 그대로 대중 예술에도 적용시키고 있다.)7)

콜링우드에 따르면 과거에, 특히 그리이스 시대에 존재했던 예술 기술 이론(the technical theory of art)과 그것의 특별한 예로서의 예술 재현 이론(the representational theory of art)은

---

7) N.Carroll, 같은 책, 재인용, 16-24쪽

잘못된 것이다. 콜링우드는 그리이스인들이 그러했듯이 예술을 기술의 개념 하에 속하는 활동 중의 하나로 보는 예술 기술 이론에 의해 오락 예술이 예술로서 잘못 분류되고 있다고 지적하고 있다. (예술 재현 이론 또한 예술을 일상의 감정을 불러일으키는 일종의 기술로 특징짓는다는 점에서 이와 유사하다)

콜링우드는 기술의 6가지 필수적인 특징을 다음과 같이 들고 있다.
1. 기술은 수단과 목적 사이의 구별을 포함한다.
2. 기술은 항상 계획과 실행 사이의 구별을 포함한다.
3. 기술의 경우 실행할 때는 수단이 목적에 우선하지만, 계획의 과정에서는 목적이 우선시된다.
4. 원재료와 완성품 사이에 구별이 있다.
5. 형상(form)과 질료(matter) 사이에 구별이 있다.
6. 여러 가지 기술 사이에 위계적 관계가 있다.

그런데 콜링우드에 따르면 이러한 조건들은 오락 예술에는 해당되지만 진정한 예술에는 해당되지 않는다. 다시 말해 진정한 예술은 기술이 아니다. 예컨대 구두 제작의 경우 구두공은 구두를 언제나 일정한 목적 하에 만든다. 즉 구두공은 승마화를 등산화와는 서로 다른 목적으로 고안한다. 이 때 완성된 구두는 그 자체로 평가되지 않고 어떤 목적에 이바지하는가에 의해 평가한다. 즉 구두는 미리 결정된 목적을 위한 수단일 뿐이다. 따라서 구두공은 어떤 재료로 어떻게 만들 것인지를 먼저 계획하고 그것을 실행한다. 즉 그의 모든 행동은 예정된 계획에 의해 인도된다.
그러나 콜링우드에 따르면 이와 같은 절차는 진정한 예술가가 따라야 하는 것이 아니다. 종종 예술가는 구두공과는 달리 최종

산물이 무엇일지 미리 알고 시작하지 않는다. 즉 예술은 기술과는 달리 탐구적이다. 작가는 몇 개의 이미지들이나 특징들, 상황들, 단지 하나의 구(phrase)를 갖고 시작하지만, 그것이 그를 어디로 이끄는지를 알고 창작하는 것은 아니다.

　바로 이러한 점에서 예술 제작은 하나의 과정으로서 예술가는 그것을 만드는 과정 중에 그 작품이 무엇에 관한 것인지 배울 뿐이다. 예술 작품을 창작하는 과정 중에 예술가는 종종 자기의 계획과 다르게 진행하기도 한다. 또한 기술은 실행에 앞서서 정확한 계획을 포함하지만 예술 제작은 세부적 계획 없이도 시작할 수 있다. 다시 말해 예술은 예정된 목적을 가질 필요가 없기 때문에 미리 착상된 목적의 수단이 아니다.

　콜링우드에 따르면 예술은 그 자체로 가치 있는 것이다. 이에 반해 오락 예술은 배후의 동기와 목적을 위해 만들어진다. 즉 오락 예술은 관중들로부터 예견되고 준비된 감정적 효과를 일으키기 위해 확실한 공식들(formulas)을 제공하려고 한다. 즉 오락 예술가는 진부한 플롯의 기술을 단지 재활용하여, 긴장감, 동정심, 공포와 같은 미리 준비된 감정을 환기시키는 기술을 가진 자이다. 이에 반해 참된 예술은 감정을 환기시키는 것을 목적으로 하지 않고, 감정을 표현하는 것과 관련되어 있고, 예술가가 자기의 느낌을 스스로 명확하게 하는 과정, 즉 최초의, 미완성의 느낌을 명료한 것으로 바꾸는 과정과 관련이 있다. 이와 같이 콜링우드는 진정한 예술이 명확히 하는 과정을 통해, 처음에는 알려지지 않았던 독특한 감정의 표현을 추구하는 반면에, 오락 예술은 공식들을 적용해 미리 정해진 일반적인(generic) 감정을 환기시키는 것과 관련되어 있다는 점에서 진정한 예술이 아닌 기술에 불과한 것, 일종의 사이비 예술로 보고 있다.

콜링우드의 입장을 정리해보면 진정한 예술은 분명한 목적과 목적 달성을 위한 수단을 사용하는, 일종의 기술처럼 (목적 달성을 위한 수단에 해당하는) 공식들을 사용해 미리 정해진 일반적인 감정을 환기시키는 (감정 환기가 목적임) 오락 예술과는 달리 공식들을 사용하지 않고 자기만의 독특한 감정을 표현해내는 (즉 진정한 창조를 해내는) 예술이다.

이러한 콜링우드의 예술론이 과연 타당한가를 따져 보기 위해 제일 먼저 예술 작품을 생산하는데 있어서 공식들을 사용하는 문제에 대해 살펴보자. 과거의 위대한 예술들은 대부분 전통적으로 내려오는 형식들 내지 관습들을 사용한 것들이다. 따라서 대부분의 예술은, 아니 거의 모든 예술은 어느 정도 공식적일 수밖에 없다. 비록 아주 예외적인 몇 몇 예술적 천재들이 스스로 예술의 규칙들을 창조해낸 경우도 존재하지만, 이런 경우의 예술만을 진정한 예술로 불리운다면, 진정한 예술의 범위는 극도로 제한되어 진다.

우리가 일반적으로 인정하는 훌륭한 예술 작품들의 대부분은 오히려 전통적인 공식들을 창의적으로 활용하여 또 다른 새로움을 창조해낸 것들이다. 그와는 다르게 우리가 인정하지 않는 작품들은 공식들을 제대로 활용하지 못하고, 비창의적으로 사용함으로써 그저 과거의 것과 전혀 다르지 않은 도식적인 상태에만 머무르는 작품들이다. 대표적인 대중 예술로서 영화의 경우도 이와 다르지 않는데, 대부분의 영화는 일정한 기존의 공식들을 사용하는데 (물론 아주 극소수이지만 새로운 공식들을 만들어내는 작품들도 존재하지만), 그러한 바탕 위에서 어떻게 이전의 작품들과 다르게 공식들을 창의적으로 사용하느냐에 따라 개별 작품들 간의 차별성이 만들어진다.

캐롤이 언급한 바와 같이 공식을 사용하는 예술을 배제시키는 콜링우드의 입장은 마치 예술가가 모두 무에서 유를 창조해 내고, 전통적인 구성의 방식으로부터 독립적이라는 극단적인 낭만주의적 신화에 불과한 것이다.8)

다음으로 감정의 환기와 감정의 표현의 문제에 대해 살펴보자.

콜링우드는 오락 예술이 공식들을 사용하여 일반적인 감정을 환기시키려고 한다고 보는데, 고대 그리스 비극도 감정을 환기시키려고 한다는 점에서 진정한 예술로 인정치 않고 있다. 고대 그리스 비극이 진정한 예술이 아니라는 콜링우드의 입장이 일반적으로 받아들이기 어려운 것이라는 점은 차치하고서라도, 오락 예술이 공식들만을 사용하여 일반적인 감정을 환기시키려고 한다고 해서 진정 그 작품이 관객들의 감정을 성공적으로 환기시킬 수 있느냐 하는 것은 매우 의심스럽다. 다시 말하자면 감정의 환기는 공식들을 기계적으로 사용한 도식적이고 내용과 구성이 뻔한 작품들을 통해서는 제대로 일어나기가 어렵다. 예술 감상자의 감정은 예술가가 자기의 느낌이나 생각을 작품 속에서 생생하고 구체적으로 표현해냄으로써 독특한 개별성 (그것이 감정이든, 주인공이든, 이야기이든지 간에)을 획득해냈을 때 비로소 실감있게 환기되는 것이다. 콜링우드가 말하는 단지 도식적이고 기계적인 작품은 일반적인 감정만을 환기시키기 때문에 실감나지 않는 죽은 환기, 즉

8) 앞의 책, p. 68

실패한 환기에 불과하다. 고대 그리이스 비극들이 감정을 환기시키는 데 성공했다면, 그것은 그리이스 비극들이 이전의 공식들을 창의적으로 활용하여 독특한 스토리와 인물 형상, 그리고 개별적인 감정 을 표현해 냄으로써 가능한 것일 뿐이다. 그런 점에서 콜링우드가 고대 그리이스 비극과 그가 살았던 당시의 오락 예술을 동일한 맥락에서 함께 다룬 것은 잘못된 것이다.

이와 관련하여 우리가 콜리우드의 예술관을 통해 시사 받을 수 있는 점은 진정한 예술이 단순한 기술과 다른 점에 대한 콜링우드의 지적이다. 예술은 분명한 목적 하에 그 목적에 단순히 종속되는 수단을 통한 목적 달성 과정으로서의 기술과는 다른 것이다. 물론 예술가의 창작 과정이 아무런 목표 없이 시작되지는 않는다. 그러나 예술 창조의 과정은 단순하고 직선적인 목적 달성 과정이 아닌, 끊임없이 탐구하고 새로이 변경되며 늘 새로워지는 예측할 수 없는 과정이다. 이에 반해 도식적이고 판에 박힌 예술 작품은 마치 처음과 중간 그리고 끝이 손쉽게 예측되는 작품으로서 예술성이 떨어지는 작품이다. 그런데 중요한 것은 이러한 작품은 대중 역시 결코 달가워하지 않는다는 것이다. 여기에서 우리가 하나 분명하게 지적하고 넘어가야 할 것은 대중 예술 중에는 콜링우드가 비판하고 있는 오락 예술처럼 미리 정해진 목표를 갖고 단순히 공식들이나 관습들을 반복적으로 사용하여 일반적인 감정을 그저 불러일으키려고 하는 질 낮은 대중 예술이 있는 반면에, 보다 훌륭한 대중 예술은 콜링우드가 강조하고 있는 진정한 예술처럼 그 제작 과정이 명확한 계획에 의해 진행되기 보다는 탐구적으로 진행되며 (실제로 필자는 정확히 어떻게 하겠다는 계획 없이 자신의 영화를 만들고 있다. 그래서 앞으로 어떻게 자신의 영화가 진행될 지는 자기도 아직 모르겠다고 한 대중 영화감독의 발언을 기억하고 있다), 이전에 사용되었던 공식들이나 규칙들을 더 이상 사용하지 않거나, 또는 일정하게 변형시켜서 독창적으로 자신의 감정을 표현해 내는 예술이라 할 수 있다.

캐롤 역시 개별화된 독특한 감정의 표현을 성취해 낸 대중 예술 작품들을 제시함으로써 콜링우드의 논의를 반박하고 있다. 즉 캐롤에 따르면 고대의 그리스 비극이 감정을 환기시키는 것에 입각해 있는 반면 채플린, 키튼, 히치콕의 작품들은 고도로 표현적인 작품들이다.[9]

그런데 캐롤은 앞에서 언급한 바와 같이 콜링우드의 진정한 예술과 오락 예술과의 이분법을 그대로 아방가르드 예술과 대중 예술과의 이분법으로 대치시켜 놓았다. 그러나 캐롤은 대중 예술을 콜링우드 당시의 오락 예술과 등치시켜 놓으면서 동시에 대중 예술 중에 고도로 표현적인 작품들이 있음을 인정함으로써 오락 예술과는 다른 진정한 예술로 파악하는 이중성을 보이고 있다. 이와 같은 이중성은 다음에 살펴볼 캐롤의 대중 예술론에서 다시 한 번 확인될 수 있을 것이다.

5. '대중 예술은 최다수의 훈련되지 않은 대중에게 쉽게 접근할 수 있도록 의도적으로 고안된 예술이다'라는 입장

---

9) 같은 책, p. 65-68

캐롤은 대중 예술을 무엇보다 먼저 통속 예술과 분명하게 구별 짓는다. 캐롤에 따르면 통속 예술은 단지 많은 사람들이 좋아하는 예술을 의미하는 것으로 모든 사회가 특정한 통속 예술을 지니고 있었다고 말할 수 있다. 따라서 통속 예술은 어떤 의미에서는 수세기 동안 내내 있어온 것으로, 역사와는 무관한 용어이다. 이와는 달리 대중 예술은 인간 사회를 통틀어 모든 곳에 존재해 오지 않은, 근대 산업화 대중 사회의 맥락에서 발생한 것이다. 자세히 말하자면 인쇄 기계와 같은 대중 정보 기술이 소설과 같은 잠재적인 대중 예술 형태를 처음으로 생산해 내게 되고, 20세기를 전후로 하여 사진, 녹음, 라디오, TV, 영화와 같은 대량 전달 체계를 갖는 대중 매체가 사용됨에 따라 다양한 형태의 대중 예술이 본격적으로 발전하게 된다.

그런데 여기에서 한걸음 더 나아가 캐롤은 대중매체 기술에 의해 생산되고 전달된다고 할지라도, 이러한 특징은 대중 예술에 대한 필요조건이 될지언정 대중 예술이 되기 위한 충분조건이 되지 못한다고 강조한다. 캐롤은 그 이유를 아방가르드 예술과의 비교 속에서 설명하는데, 캐롤에 따르면 아방가르드 예술은 Cocteau의 Blood of a Poet 나 Bonnet의 Age of Gold와 같은 영화와 같이 (캐롤은 장 뤽 고다르의 영화도 여기에 포함시키고 있다) 대량 생산 기술에 의해 생산되고 분배될 수 있으나 프랑크 카프라의 영화와 같은 대중 예술은 아닌데, 그 이유는 그 영화들이 대량 소비를 위해 고안된 것이 아니기 때문이다. 캐롤에 따르면 아방가르드 예술은 어렵고, 지적이며, 미적으로, 그리고 종종 도덕적으로 도전을 하는 것으로 고안된, 특정한 배경지식과 후천적 감각 없이는 대중들에게 쉽게 접근할 수 없는 것인 반면에, 대중 예술은 최대한 다수의 사람들에게 가능한 쉽고, 최소한의 노력으로도 접근할 수 있게 고안된 것이다.

캐롤의 '항상 대다수의 관람자에게 이해되기 위해 고안된다'는 의미의 대중 예술개념이 안고 있는 가장 커다란 문제점은 바로 그러한 개념이 대중 예술의 다양성과 폭을 상당히 심각할 정도로 훼손한다는 점에 있다. 비록 짧은 역사일지언정 대중 예술의 역사는 나름대로 끊임없는 변신, 즉 형식과 스타일, 주제와 내용, 심지어 공식과 관습에 있어서도 다양한 변화를 경험해 왔다. 그런데 만약 캐롤처럼 '항상 대다수의 관람자에게 이해되기 위해 고안된다'는 것이 대중 예술의 필수적인 조건이라면, 대중 예술의 영역 내에서 지금까지 행해져 왔던 새로운 실험이나 변신이 제대로 설명되기가 무척 어려울 수 밖에 없게 된다. 왜냐하면 '항상 대다수의 관람자에게 이해되기 위해서' 작품을 만들어야 하는 대중 예술가가 아직 대중들에게 쉽게 이해되기 어려운, 새로운 실험을 시도하는 가능성이 설명되기 어렵기 때문이다. 캐롤의 '항상 대다수의 관람자에게 이해되기 위해 만들어지지는' 대중 예술은 복잡한 구조나 형식, 다층적인 상징이나 중층적인 의미를 갖고 있는 고급 예술과 달리 이해하기 쉬운 단순한 구조나 형태, 단층적인 상징이나 단일한 의미를 갖는 예술로 직접 연결된다. 그러나 대중 예술 중에서도 복잡한 구조를 가진 영화(예컨대 영화 Memento)나 다층적 상징으로 중의적인 의미를 지닌 록음악, 배경 지식 없이는 접근하기 힘

든 영화(예컨대 에반게리온)와 같은 예는 얼마든지 열거할 수 있다.10) 그리고 이러한 현상은 앞으로 더 빈번해질 가능성이 농후하다. 이와 관련하여 캐롤은 그 자신의 '접근용이성'에 대한 노비츠의 비판에 대해 반박하는 자리에서 아방가르드 예술이 우리 시대의 고급 예술에 가장 적합한 자격을 가진다고 보지만, 고급 예술 일부가 대중 예술일 수 있는 가능성을 배제하지 않는다고 주장하고 있다.11) 그러나 과연 '항상 대다수의 관람자에게 이해되기 쉽게 만들어지는' 예술이라는 캐롤의 대중 예술 개념이 '고급' 예술 개념과 같은 범주에 속한다고 보기에는 무리가 있지 않나 싶다.

또한 이때 우리가 반드시 지적하고 넘어가야 할 것은 캐롤이 언급하고 있는 '최다수의 교육받지 않은 관중'이라는 용어가 '다원적인 청중'을 의미한다기 보다는 균질화된 전체를 가리키는 '군집적인 청중'을 의미한다는 사실이다. 그러나 예컨대 미디어와 마케팅 전문가들이 인정하듯이 TV의 청중들은 균질적인 군중이 아니라 대중 문화를 자기 입장에서 능동적으로 해석하는 서로 상이한 집단들의 변화하는 전체라고 보아야 한다. 실제로 록 음악이 보여주었듯이 대중성은 전세계적인 취미의 평균을 의미하는 것은 아니다.

이와 더불어 우리가 고려에 넣어야만 하는 사실은 현대 사회에서, 특히 현재 우리나라 사회에서 대다수의 대중은 더 이상 '교육받지 않은 자'가 아니라 교육을 충분히 받은 자라는 사실이다. 이제 우리는 소비자 대중들의 상향 평균화에 따라 문화예술 상품의 예술성 (및 작품성)이 더욱 더 요구되는 현실 속에서 살아가고 있

---

10) 이해완, 「대중매체의 발전과 대중 예술 정의의 문제」, 『美學』제35집 (2003.8, 한국미학회), 361-370쪽
11) N. Carroll, 같은 책, p.232

다. 그리하여 문화 컨텐츠 산업을 주도하는 대기업에서 요구하는 문화 예술상품은 더 이상 과거와 같이 고급문화와 질적으로 상이한 대중 예술이 아니라, 과거의 고급문화와 합쳐진 대중문화, 즉 '고급적 통속함'을 갖춘 대중문화, 다시 말해 질적으로 레벨업된 대중문화이다. 이제 고등교육을 받은 대다수 대중은 과거처럼 의미만을 추구하는 고급 예술이나 재미만을 충족시켜주는 대중 예술이 아닌, 의미와 재미를 한꺼번에 누릴 수 있는 고급화된 대중문화 예술인 것이다.12)

지금까지 살펴본 바와 같이 '항상 대다수의 관람자에게 이해되기 위해 고안된다'는 캐롤의 대중 예술 개념은 그가 비판했던 맥도날드의 대중 예술 개념과 뚜렷하게 차별되지 못한다. 맥도날드는 대량 소비를 위해 제작된 상품으로서의 대중 예술은 그 잠재적 소비자들의 취미, 감성, 그리고 지성의 공통분모를 목표로 하지 않을 수 없으며, 가정상 이 공통분모는 매우 낮은 수준의 표현성, 지성, 그리고 취미가 될 것이라고 보았다. 캐롤은 가장 낮은 수준의 대중 예술이 최고의 관중을 획득하지도 못했을 뿐 아니라, 대중 예술이 꾸준히 하향 곡선을 그려왔다는 증거도 없다고 반박하고 있지만, 캐롤의 '최다수의 교육받지 않은 관중'을 고려해 만들어지는 대중 예술이 최다수의 관중이 공유하고 있는 취미, 감성, 지성의 낮은 수준을 지향하는 경향을 갖을 수 밖에 없다는 것을 우리가 부정하기는 어려울 것이다.

맥도날드와 캐롤의 대중 예술 개념은 결국 후기 자본주의 사회에 있어서 대중 예술이 갖는 상품으로서의 성격, 즉 상품성의 문

---

12) 심상민, 「대중문화 예술의 산업화와 대안모색」,『공연예술저널』제4호, 2002, 53-55쪽, 성균관대학교 공연.영상문화 연구소 편

제이다. 결코 적지 않은 대중 예술이 갖고 있는, 대다수의 대중들을 고려하는 상품으로서의 속성은 대중 예술가가 적극적으로 수용하거나 거부할 수 있는 하나의 조건일 뿐이다. 따라서 캐롤이 언급하고 있는 '항상 대다수의 관람자에게 이해되기 위해 고안된다'는 개념규정은 캐롤이 주장하는 바와 같이 필수적인 조항이 아니라, 단지 대중 예술가에게 일정한 영향을 끼칠 수 있는 일정한 조건으로서만 바라보아야 한다.

6. 대중 예술의 예술성에 대하여

대중 예술은 이전의 통속적인 예술에 그 뿌리를 두고 있다. 그러나 대중 예술을 후기 자본주의 이전 시대의 통속 예술과 무차별적으로 구별하지 않을 경우 일정한 문제점을 야기할 수 있다는 점은 특별히 주목해야 한다.13) 이전의 통속 예술이 오로지 오락적인 기능만을 가질 뿐 주류였던 고급 예술의 진리 탐구적이고, 자기 표현적인 측면을 갖지 못했다면, 현대의 대중 예술은 오락적인 기능뿐만 아니라, 진리 탐구적이고 자기 표현적인 독창성을 얼마든지 함께 창조해낼 수 있다. 이전의 통속 예술을 현대의 대중 예술과 동일시 할 경우, 우리는 그 둘의 시대적 상황의 차이, 이에 따

---

13) 대중 예술의 통속성을 긍정적으로 보고 있는 박성봉(『대중예술의 이론들』)이나 대중 예술의 예술적 가능성을 강하게 인정하고 있는 슈스터만(『프라그마티스트 미학』)은 대중 예술 철학 논의에 있어서 일정한 기여를 하고 있지만, 그들의 논의에서 때로로 대중 예술을 통시대적인 통속 예술과 혼동하는 경우가 발견된다.
(박성봉, 『대중예술의 이론들』,31쪽, 슈스터만, 『프라그마티스트 미학』,236쪽 참고)

른 사회 전반의 세계관과 가치관의 차이, 또 그 두 시대 대중의 차이를 간과해버릴 수 있다. 이전의 시대가 일반 대중의 욕구를 충분히 충족시켜줄 수 없는 시대였던 반면에 후기 자본주의 시대는 인류 역사상 최초로 일반 대중의 욕구를 충족시켜 줄 수 있을 만큼 생산력이 비약적으로 발전한 시대이다. 따라서 이전 시대에는 금욕주의적 세계관과 가치관이 그 사회를 지배했으며, 당시 주류였던 고급 예술은 오로지 정신적 가치만을 추구했다. 당시의 대중이 부와 교육에서 소외된 채 정신적 가치에 의해 짓눌려진 인간의 감각적인 측면을 오락적인 통속 예술에서 충족시키고 이를 통해 해방감을 느낄 수 있었으리라 하는 사실은 이해하기 어렵지 않다. 그러나 후기 자본주의 시대의 대중은 더 이상 이전 시대의 대중이 아니다. 그들은 비록 사회 엘리트는 아닐지언정 (물론 사회 엘리트 역시 대중 속에서 탄생하지만) 사회의 중심 세력이다. 과거의 통속 예술은 결코 그 시대의 주류 예술이 될 수 없었지만, 현대의 대중 예술은 명실공히 이 시대의 주류 예술이다. 따라서 현대의 대중 예술은 인간이 육체를 갖고 있는 한 결코 완전히 벗어날 수 없는 인간의 감각적이고 통속적 요소를 배제하지 않고, 거기에서부터 출발한다. 과거의 통속 예술이 금욕주의적 세계관과 가치관에 의해 억눌려진 인간의 통속성에 대한 환기구 역할을 했다면, 현대 대중 예술은 통속성을 가감없이 받아들일 뿐 아니라, 통속성을 끝까지 탐구한다. 이전 시대 고급 예술에 있어서 통속성은 예술성과 대치되는 것이었지만, 현대 대중 예술에 있어서 통속성은 예술성과 대립하지 않을 뿐 아니라 예술성을 성취하기 위한 좋은 재료가 된다. 물론 인간은 결코 감각적이고 통속적인 면만을 갖고 있지 않다. 따라서 통속성에만 매몰될 때 그러한 대중 예술 역시 총체적 인간의 삶을 온전히 표현해 내지 못할 수 있다. 바람직한 대중 예술에 있어서 통속성은 출발점이며, 훌륭한 탐구 재료가 된다.

이제 대중 예술의 예술성의 문제를 이전의 예술철학자들의 입장과 관련하여 정리해보도록 하자. 대중 예술이 몰개성적이라는 맥도날드의 견해와는 다르게 대중 예술의 예술성은 자기만의 독특한 개성을 표현하는데 있다. 대중 예술가들이 대다수 대중의 감상을 위해 작품을 만들어낸다는 것이 결코 그들이 자기만의 개성을 포기해야 되는 근거가 되지 않기 때문이다. 뿐만 아니라 대중은 결코 아무런 개성도 없는 대중 예술 작품을 선호하지 않는다.

다음으로 대중 예술은 그린버그가 언급한 것처럼 결코 예술 그 자체를 위해 존재하지 않는다. 즉 대중 예술은 일상사에 대해 자율적이지 않고, 현실을 모방하고 끊임없이 현실을 탐구한다. 이러한 점은 대중 예술이 현실에서 벗어나 자기만의 예술 세계에 탐닉하는 아방가르드 예술에 대해 갖는 장점이다. 또 대중 예술이 대중들이 접근하기 쉽다는 점 역시 결코 단점이 아니라 장점이다. 작품의 구조와 내용, 형식이 쉽다는 것이 문제가 아니라, 내용이 빈약하고, 형식과 구조가 제대로 형상화되지 못했다는 것이 문제이다. 내용이 풍부하고 형식이 잘 만들어졌음에도 구조가 단순하여, 대중에게 잘 이해된다면 그것이야말로 최상의 작품이라 할 수 있다. 이러한 점을 고려해 볼 때 대중 예술의 예술성은 현실에 대한 강한 관심, 내용의 풍부함과 형식의 비교적 복잡하지 않게 잘 만들어짐에 있다.

또한 대중 예술은 콜링우드가 인정하는 것처럼 감정 환기적이며, 도식적이다. 대중 예술은 마치 그리이스 비극이 관중들에게 카타르시스를 체험하게끔 했던 것처럼 대중의 감정을 환기시키려고 한다. 그러나 대중들의 감정은 결코 도식들을 단순히 기계적으로 적용한다고 해서 환기되어 지지 않는다. 바람직한 대중 예술은 도식을 사용하되 도식을 자기만의 독특한 개성을 표현하게끔 활용한다. 대중 예술이 대중의 감정을 환기시키는데 성공하기 위해서 대중 예술가는 끊임없이 현실을 탐구하고 새롭게 도식을 활용하며 자기만의 독특한 느낌과 생각을 표현해내야만 한다.

마지막으로 캐롤이 주장한 바와 같이 대중 예술가는 자기의 작품이 가능한 한 대다수 대중에 의해 이해될 수 있기를 바란다. 그러나 만약에 자기만의 독특한 개성을 표현하는 데 대중의 접근가능성이 제한된다면 그러한 제약에 굴복하지 않고 뛰어넘음으로써 끊임없이 새로운 도전과 혁신을 감내해야만 한다. 이와 같이 대중 예술의 예술성은 대중과의 커뮤니케이션에 의해 마련되는 것이지만, 대중과의 커뮤니케이션은 매우 역동적인 것으로서 이전의 방식에 안주하지 않음으로써 오히려 더 강력한 힘으로 새로이 성취될 수 있는 것이다.

참고문헌

_ N. Carroll, A Philosophy of Mass Art, Oxford : Clarendon Press, 1998
_ Dwight MacDonald, A Theory of Mass Culture, in Mass Culture of The
   Popular Arts in America, ed. B. Rosenberg and D. M. White, New York :
   Free Press, 1957
_ Clement Greenberg, 'Avant-gard and Kitsch', in Clement Greenberg : The
   Collected Essays and Criticism, vol. 1, et. J O'Brien, Chicago : University of
   Chicago Press, 1986
_ Fiske, Television Culture, London : Methuen, 1987
_ 리차드 슈스터만, 『프라그마티스트 미학』, 김광명 .김진엽 공역, 서울 : 예전사, 2002
_ 박성봉, 『대중예술의 이론들』, 서울 : 동연, 1994
_ 이해완, 「대중매체의 발전과 대중 예술 정의의 문제」, 『美學』제35집, 한국미학회, 2003
_ 심상민, 「대중문화 예술의 산업화와 대안모색」, 『공연저널』제4호, 성균관대학교 공연.영상
   문화연구소 편, 2002

2.

영화감상에 있어서 make-believe(믿는 척 하기) 개념의 올바른 적용을 위하여 - 월튼과 커리의 make-believe 개념에 대한 비판적 고찰

서문

두말할 나위도 없이 영화는 현대 대중 예술의 꽃이다. 허구 작품
인 영화를 감상하는 데 있어서 상상하기가 어떻게 이루어지는가
하는 문제는 현대 영미 철학자들 (또는 예술철학자들)에게 주요한
연구 대상이 되어왔다. 특히 월튼은 정신과학의 시뮬레이션 개념
을 자기 이론 속에 끌고 들어와 영화 감상에 있어서 상상하기 개
념과 적극적으로 연결시킴으로써 영화 감상에 있어서 상상하기를
make-believe (믿는 척하기)라는 개념으로 설명해낸다. 이에 반
해 커리는 이러한 월튼의 상상하기 개념을 비판한다. 필자는 논문
「영화감상에 있어서 make-believe(믿는 척 하기) 개념의 올바른
적용을 위하여 (-월튼과 커리의 make-believe 개념에 대한 비판
적 고찰)」에서 월튼과 커리의 이론을 면밀히 검토하고 분석적으로
비판함으로써 영화 감상에 있어서 상상하기에 대한 보다 더 포괄
적인 인식에 도달하고자 시도했다.

현대는 인류 역사상 최초로 대중 예술이 주류 예술로 자리잡은
시대이다. 이전 시대에 왕이나 귀족, 또는 특권층을 위해 봉사했던
예술이 고급예술이었다면, 현대 대중 예술은 대다수를 위해 생산
되고, 대중에 의해 소비된다. 이러한 시대적 변화 속에서 캐롤을
비롯한 많은 예술이론가들 (예컨대 맥도날드, 그린버그, 콜링우드
등)은 현대 대중 예술을 고급 예술이었던 이전 예술에 비해 예술
적인 측면에서 질적으로 떨어지는 하위 예술로 보고, 현대 대중
예술을 비판하고 있다. 필자는 논문 「대중 예술에 있어서 예술성

의 문제」에서 이들의 입장을 하나하나 비판적으로 고찰하였다. 이를 통해 필자는 대중 예술의 본질적 특성을 파악함과 동시에 대중 예술이 나아갈 바를 밝히고자 시도했다.

1. 들어가는 말

프랑스 철학자 보드리야르가 적절하게 간파했듯이 오늘날의 시대는 이전 모던 시대와는 다르게 실제 현실보다 오히려 '시뮬라시옹'(가상)이 더 강력한 지배력을 발휘하고 있는 시대이다. 21세기를 사는 우리는 수많은 가상 세계들에 둘러싸여 살아가고 있다. 그것이 영화나 TV 드라마이든, 아니면 컴퓨터 시뮬레이션이든 우리들이 그 가상 세계 안에 들어갈 때 우리는 그것이 실제 세계가 아님을 명백히 알고 있음에도 불구하고 마치 실제 세계에서 경험하는 것과 유사한 경험을 하게 된다. 그런데 허구적인 사건이나 인물이 실재하는 것이 아니라는 것을 알면서도 우리는 어떻게 그것들에 일정한 정서반응을 보일 수 있는 것일까? 이것은 바로 우리가 허구작품을 어떻게 감상하는가의 문제, 다시 말해 상상력의 문제라고 할 수 있다.

그런데 근대 철학자들은 상상력이라는 인간의 능력을 확실성을 보장해주는 인식능력으로서 부족하다는 이유에서 연구의 대상으로서 별다르게 주목하지 않았었다. 그러나 현대에 들어와 현대 영미 철학자들은 심리철학과 인지과학 그리고 발달 심리학 분야에서 정신적 시뮬레이션의 개념을 발전시켜왔다. 정신적 시뮬레이션의 개념을 허구 감상에 있어서 상상하기 개념과 연결시킴으로써 전통 철학이 도외시해왔던 상상하기의 문제를 예술철학의 영역 안으로 끌어들인 가장 대표적인 현대 영미 철학자가 바로 월튼과 커리이다. 월튼은 최근 활발하게 논의되고 있는 정신적 시뮬레이션이라는 개념이 자신의 make-believe 이론에 잘 들어맞다고 말하고 있으며,14) 커리는 시뮬레이션이라는 개념과 make-believe 개념을 직접적으로 연결시켜 자기의 이론을 전개하고 있다. 이와 같이 월튼과 커리 모두 허구 작품에 대한 상상하기를 일종의 make-believe 작용 (즉 믿는 척하는 놀이)으로 본다는 점에서 동일하다. 그러나 월튼과 커리는 상상하기, 즉 make-believe 개념의 내용을 서로 다르게 규정하고 있다.

본 연구 논문은 현대인의 삶에 있어서 중요한 역할을 담당하고 있는 상상력의 문제를 다루되, 허구 감상, 특히 영화감상의 경우에 상상력이 어떻게 작용하는가의 문제에 초점을 맞출 것이다. 이를 위해 현재 영미 예술철학계의 두 거장인 월튼과 커리의 make-believe 개념을 먼저 검토하고, 각 이론의 문제점을 지적해 볼 것이다. 그리고 이를 통해 월튼의 이론에 대한 커리의 비판이 성공적이지 않음을 보여줌으로써 현재 주목받고 있는 상상하기 문제에 대한 연구에 일정한 기여를 하고자 한다.

2. 월튼의 make-believe 개념

월튼은 예술작품의 감상을 make-believe 놀이로 간주한다. make-believe 놀이란 아이들이 장난감을 가지고 놀 때 발휘하는 상상력과 유사한 것이다. 예를 들어 철수와 영수가 곰 사냥 놀이를 하기 위해 '숲 속의 나무 등걸을 곰이라고 상상하자'고 약속할

---

14) K. L. Walton (1997), "Spelunking, Simulation, and the Slime : On Being Moved by Fiction", *Emotion and The Arts*, p.38

수 있고 그런 약속 하에서 숲 속의 나무 등걸을 곰이라고 공통적으로 상상한다고 할 수 있다는 것이다.

이와 같이 월튼은 예술작품 감상 시에 있어서 예술작품의 역할을 아이들의 놀이에서 장난감(여기에서는 나무 등걸)이 갖는 역할과 유사한 것으로 보고 있다.15) 예를 들어 이중섭의 〈소〉라는 그림에 나타난 소의 형체는 실제 세계에서는 그림이지만 게임 세계에서는 소의 역할을 하는 소도구가 된다. 아이들이 나무 등걸을 곰으로 간주하는 게임을 하듯이 감상자는 〈소〉에 나타난 어떤 형체를 가지고 소로 간주하는 게임을 하는 것이다.

그런데 어떤 사건이나 인물이 허구적이라는 것은 그것들이 허구 세계에서 실제적이라는 것을 의미하지만 상상자는 실제 세계에 있을 때는 불가능하고 상상자가 허구 세계에 속할 때에만 가능하다. 그렇다면 어떻게 실제 세계의 감상자가 허구 세계에 속할 수 있는가? 월튼은 이것을 허구 세계와 현실 세계를 가로지르는 인식적 반응을 감상자의 허구 세계로의 '참여'를 통해 설명한다. 참여란 허구 세계를 상상하며 예술작품을 감상하는 감상자가 잠시나마, 즉 감상하는 동안 허구 세계 속으로 들어가는 것을 의미한다. 이것은 마치 숲 속의 나무 등걸을 가지고 곰이라고 상상하며 노는 어린아이가 적어도 놀이에 몰입하고 있는 동안에는 현실 세계에서 벗어나 곰을 가지고 노는 허구 세계 안에 있는 것과 마찬가지이다.

그런데 월튼에 따르면 모든 상상하기는 결과적으로 상상자 자신에 관한 것이 된다. 다시 말해 어떤 것을 느끼고 있음을 상상하고 있다는 것은 그것을 느끼고 있을 주체를 항상 상정하게 된다는 것

---

15) K. L. Walton (1990), *Mimesis as Make-Believe : On the Foundation of the Representational Arts*, p.71

이다. 이와 같은 방식으로 자신에 관한 상상하기를 월튼은 '안으로부터 상상하기'라고 부른다. 그리고 이때 형성된 나는 어떤 외적 대상에 대한 직접적인 경험이나 그것에 대해 행동할 때 경험의 주체로 전제된 것이므로 안으로부터 상상할 때 형성된 '나'는 어떤 것을 경험하고 있다는 것에 의해서 선험적으로 전제되는 '데카르트식의 나'이다.

이처럼 월튼에 따르면 허구 세계에 참여하기 위해서는 상상자 자신이 현재 재현을 감상하면서 지각하고 경험하고 행동하는 것을 허구적인 것과 관련된 경험이나 지각, 그리고 행동으로 상상하는, 안으로부터 상상을 해야 하는 것이다. 즉 아이들의 게임에서 아이들은 스스로가 곰을 쫓고 있음을 자신의 내부로부터 상상하듯이, 감상자는 소를 보고 있음을 안으로부터 상상한다. 예를 들어 이중섭의 〈소〉를 바라볼 때 감상자 스스로 어떤 소를 보고 있다고 상상한다는 것은, 그가 그 소와 하나의 허구 세계 안에 있고 그것을 직접 대면한다고 상상한다는 것을 말한다.[16)]

---

16) 이상익 (2001), 「허구에 대한 인식과 감정 반응의 관계에 대한 연구 - 커리의 허구 이론을 중심으로」, 서울대학교 대학원 미학과 석사학위논문, p. 52

3. 커리의 *make-believe* 이론

   심리 철학에서 시뮬레이션은 다른 사람의 마음을 어떻게 이해하는가의 문제와 관련하여 주목받아왔다. 심리 철학자인 골드만은 타인의 심리와 행동을 이해하는 것은, 타인이 놓인 상황 안에 자신을 놓아봄으로써 가능하다고 말한다.17) 이때 자신의 믿음과는 다른 믿음을 가정할 수 있는 능력이 시뮬레이션의 중요한 기능으로 인정된다. 그리고 심리 철학자들은 우리의 의사 결정 체계가 실제 상황 하에서의 믿음과 욕구에 기초해서 뿐 아니라, 가상적인 믿음과 욕구에 기초해서도 작동할 수 있다고 생각한다.

   커리는 가상적인 믿음과 욕구에 기반하여 시뮬레이션이 사용되는 맥락으로 타인의 감정과 행동을 이해하는 것, 자신이 미래에 할 행동을 결정하는 것, 믿는 척 하는 놀이를 하는 것, 그리고 허구를 감상하는 것 등의 네 가지를 말하고 있다. 그리고 커리에 따르면 이처럼 우리에게 실제적이지 않은 상황, 즉 우리가 직접 대면하지 않은 상황을 표상하는 시뮬레이션 능력이 바로 상상하기의 능력이다.18) 커리는 이와 같이 다른 사람이 받아들이는 감각적 정보를 받아들임으로써 다른 사람의 정신 상태에 대한 이해에 도달한다는 가정을 시뮬fp이션 가정이라고 부른다. 다시 말하자면 마치 내가 실제로 그러한 상황에 있는 것처럼 나의 정신 상태를 진행시키는 방식으로 다른 사람의 마음을 시뮬레이션하기 위해 나는 나의 마음을 사용한다는 것이다. 커리에 따르면 이러한 상상하기는 실제로 우리가 허구 작품을 대할 때 발생하는, 우리의 정신 상

---

17) 골드만 (1998), 『철학과 인지 과학』, pp.113-115
18) G. Currie (1991), "Visual Fictions" *The Philosophical Quarterly*, vol. 41, p.157

태를 비직결적으로(off-line) 작동시키는, 즉 실제적이지 않은 상황을 표상하는 과정이다.

그런데 커리는 자신의 독특한 허구적 상상이론을 설명하기 위해 고전적 이론들을 비판하고 있다. 커리는 1930, 1940, 1950년대에 지배적이었던 이론을 고전주의 이론으로 보면서, 그 대표적인 이론가를 앙드레 바쟁으로 보고 있다. 커리는 이 이론을 환영주의 이론으로 규정하고 있는데, 이 이론은 관객을 카메라가 서 있는 위치에서, 그리고 행동의 장소 안에서 바라보고 있는, 실제 행위의 관찰자로 간주하고 있다. 또한 커리는 환영주의 약한 버전으로 윌슨(G. Wilson)의 이론을 들고 있는데, 이 이론에 따르면 관객은 자기 자신이 카메라의 위치에서 실제 사건을 관찰하면서 행위의 영역 안에 있다고 단지 상상한다는 것이다.

커리는 내가 발생하는 것을 바로 보고 있다고 상상하지 않고, 단지 이러 이러한 것들이 발생한다고 상상할 때, 이러한 경우를 비개인적 상상하기(impersonal imagining)이라 부르며, 이와는 달리 내가 상상된 사건을 보고 있다는 생각을 포함하는 상상하기를 개인적 상상하기(personal imaginging)라고 부르고 있다. 결국 앞에서 언급한 앙드레 바쟁이나 윌슨은 영화 작품이 허구의 세계 안에 위치해서, 허구적 사건들을 관찰하는 자로서 감상자가 스스로를 상상하게끔 만든다고 간주하기 때문에 그들의 이론은 바로 '개인적 상상하기'를 옹호하고 있다고 할 수 있다.

그러나 커리는 이러한 상상된 관찰자 가정이 영화 관람의 경험을 잘못 기술할 뿐만 아니라 자신의 영화 관람 경험에 상응하지고 않는다고 반박하고 있다. 카메라의 위치에 나 자신이 있다고 상상할 수 없는 이유를 커리는 전쟁 영화를 관람하는 경우에 전쟁터에 있으면서 동시에 주변의 폭력에 영향받지 않으면서 사랑하는 연인 옆에 있다고 상상하거나, 지구를 잠깐 동안 태양계 밖에서 보았다가 바로 다음 순간에 천장에서 저녁 초대 손님들을 관찰한다고 상상하기가 어렵다는 점을 들어 반박하고 있다.

　물론 이와 같은 반론에 대해 '개인적 상상하기'의 옹호자들은 '~을 보고 있음을 상상하기'는 우리가 어디에서 보고 있는지, 또는 어떻게 볼 수 있는지에 대해 상상하지 않으면서, 일종의 순전히 시각적으로 상상하는 것이라고 반박할 수도 있다고 커리는 말하고 있다. 그러나 이에 대해 커리는 어떠한 시점도 없는 바라보기와 같은 것은 존재할 수 없다고 반박하고 있다.[19]

　이제 커리는 '개인적 상상하기'에 대한 자신의 대안을 내가 영화를 보는 동안에 상상하는 것은 그 영화가 제시하고 있는 허구적 사건들과 관계하는 것이지, 나 자신과 그 사건들과의 어떤 지각적 연관들을 상상하는 것이 아니라고 주장함으로써 제시하고 있다. 다시 말해 나의 상상하기는 영화 속의 인물들과 사건들을 본다는 것이 아니라, 단지 이러한 인물들이 존재하고, 이러한 사건들이 발생한다는 것, 즉 내가 소설책을 읽을 때 참여하게 되는 '비개인적 상상하기'와 동일한 종류의 것이라는 것이다.

---

19) 위의 책, p.178

4. 월튼의 상상하기 개념에 대한 비판적 검토

앞서 언급한 바와 같이 월튼의 상상하기 개념은 make-believe 놀이로서의 아이들의 장난감 놀이에서 비롯된 것으로, 월튼은 예술작품 감상 시 예술작품을 아이들 놀이에서의 장난삼과 같은 역할을 하는 것으로 보았다.

그러나 이와 같은 월튼의 입장은 '믿는 체 하는 놀이'라는 점에서 아이들의 게임과 감상자 게임의 동일성을 잘 파악하고 있지만, 그 두 게임 사이의 차이점에 대해서는 간과하고 있는 것이 사실이다. '믿는 체 하는 놀이'에서 아이들은 마치 이야기 안의 등장인물처럼 기능하는 반면 감상자는 이야기의 내용과는 직접적인 관계를 갖지 않는 이야기 세계 밖의 인물처럼 기능한다.[20] 다시 말해 아이들은 게임을 하면서 나무 등걸을 붙들면서 공을 잡았다고 상상하지만 감상자들은 이야기 세계 밖에 위치한다.

이와 같은 차이점은 아이들의 게임에서는 게임 세계라는 하나의 허구적인 세계가 존재함에 반해 감상자의 게임에서는 작품 세계와 감상 세계라는 두 가지의 서로 다른 허구적 세계가 존재하기 때문에 나오는 것이라 할 수 있다. 아이들의 게임에서 허구적으로 참인 내용들은 아이들이 다른 소도구들과 하는 행동으로서 순간순간 구성되어지는 데 반해, 감상자들의 게임에서 허구적으로 참인 내용들은 많은 부분 작품 안에 이미 상술되어 있다. 소도구로서의 작품은 이미 허구적으로 참인 내용들에 대하여 관찰하는 감상자의 활동으로 구성된다 하겠다.

---

20) E. Dadlez, "Fiction, Emotion, and Rationality", *British Journal of Aesthetics*, Vol. 36, July 1996

다음으로 앞에서 살펴본 바와 같이 월튼은 예술 작품 감상은 감상자가 허구 세계 안에 참여함을 통해서 이루어진다고 보았다. 그리고 이때 허구 세계 안에 참여하는 감상자는 허구 세계 뿐만 아니라 감상자 그 스스로까지 상상해야 한다고 보았다. 예컨대 이중섭의 〈소〉를 바라볼 때 감상자 스스로 어떤 소를 보고 있다고 상상하는 것은, 그가 그 소와 하나의 허구 세계 안에 있고 그것을 직접 대면한다고 상상하는 것을 말한다. 이와 같이 월튼에 따르면 모든 상상하기는 결과적으로 상상자 자신에 관한 것이 되며, 허구 세계에 참여한다는 것은 결국 상상자가 자신의 경험이나 감각을 상상하는 것이 된다.

이에 대해 커리는 허구를 감상하면서 상상해야 하는 대상은 이야기이지 우리 스스로가 이야기를 전달받는 방식 자체가 상상의 대상이 아님을 강조한다.[21] 커리에 따르면 모든 서사 구조를 가진 허구에 있어서 그것을 감상하는 것은 그 이야기가 누군가에 의해서 알려진 사실로서 이야기되어진다는 것을 make-believe하는 게임을 한다는 것을 인정하는 것이다. 커리는 이러한 게임에서 감상자는 자신이 이야기를 듣고 있다고는 상상하지만, 그 이야기가 벌어지는 상황에 대해서 자신이 어떤 관계를 맺고 있다고 상상하지는 않는다는 것이다.

이 점을 좀 더 명료하게 하기 위해 커리는 허구 감상과 백일몽이나 공상의 차이점을 지적한다. 즉 감상자가 어떤 이로부터 사실적인 정보를 전달받고 있다고 make-believe하는 게임을 통해서 상상하기를 유발시키는 것은 스스로 자신의 내부에서 상상하기를

---

21) G. Currie (1991), 같은 책, p.140

발생시키는 백일몽이나 공상 혹은 미래에 대한 가설을 세우는 것과는 다른 것이다. 백일몽이나 공상의 내용들은 주로 자신에 관한 것들이다. 하지만 허구를 대하면서 감상자들이 상상해야 하는 바는 작가가 그들로 하여금 make-believe하기를 의도한 내용이다. 따라서 허구 작품을 감상하는 것은 스스로에 대한 상상하기보다는 작품의 등장인물과 사건에 대한 상상하기이다.

5. 커리의 make-believe 개념에 대한 비판적 검토

앞에서 살펴본 바와 같이 커리는 실제적이지 않은 상황을 표상하는 시뮬레이션 능력을 상상하기의 능력으로 보면서, 자신의 상상하기 개념을 월튼이 주장하는 '개인적 상상하기'와는 다른 '비개인적 상상하기'로 설명하고 있다. 그런데 처음에 커리는 자기의 이론을 전개하기 위한 발판으로 시뮬레이션 능력을 전제하고 있다. 커리에 따르면 시뮬레이션 능력이란 우리가 직접 대면하지 않은 상황을 표상할 수 있게 하는 능력으로서, 타인이 놓인 상황 안에 자신을 놓아봄으로써 타인의 심리 상태를 이해하는 능력이며, 허구적 인물과 상황에 감정이입할 수 있는 능력이다. 이러한 기본 입장 위에서 커리는 바로 이 능력을 통해 우리는 다른 사람의 입장에 서 있다는 것을 상상할 뿐 아니라, 우리가 그의 입장에서 우리 자신에 대해 상상하는 바로 그 사람이 된다고 주장하고 있다.[22]

---

22) G. Currrie (1995), *Image and Mind : Film, Philosophy and Cognitive Science*, p. 158

그런데 다른 한편으로 커리는 영화보기를 내가 발생하는 것을 바로 보고 있다고 상상하지 않고, 단지 이러 이러한 것들이 발생한다고 상상하는 '비개인적 상상하기'로 규정하고 있다.

바로 이러한 관점 위에서 커리는 우리가 영화를 보면서 실제 거기에 있다고 상상한다고 생각하는 앙드레 바쟁을 비판하면서, 풍부하고 가치 있는 허구를 창조하는 매체는 반드시 관람자와의 거리를 유지시켜야 한다고 본다.23)

그러나 커리가 주장하는 바와 같이 일종의 시뮬레이션 능력으로서의 상상하기가 허구적 인물과 상황에 감정이입하는 능력이라면, 월튼의 '개인적 상상하기'가 커리의 '비개인적 상상하기'보다 더 시뮬레이션 능력에 적합하다고 할 수 있다. 왜냐하면 그것이 실재하는 인간이든 허구적 인간이든 다른 사람의 정신 상태에 감정이입한다는 것은 최초의 상태에 존재했던, 나 자신과 다른 사람과의 거리를 뛰어넘어 자신이 바로 그 다른 사람이 되어봄으로써 가능한 것이다. 다시 말하자면 감정이입의 과정이란 감상자가 허구적 인물의 내면상태에 대해 일정한 거리를 둔 채 명확한 표상을 획득해 나가는 과정이라기보다는 허구적 인물의 정신적, 내지 감정 내용을 현실적으로 공동 체험하는 과정이라 볼 수 있다. 예를 들어 파우스트의 고백을 들을 때 감상자에게는 그 고백이 외부로부터 들려오는 것이 아니라 마치 감상자 자신의 가슴 속에서 나오는 것처럼 생각된다. 이러한 이상한 상태, 그것으로 인해 자아 전체가 그 사상의 발전 속에 끌려들어가는 것 같은 상태는 감상자가 파우스트의 정신적 상태를 내면적으로 모방하는 데에 근거한 것이다.

---

23) 위의 책, p. 193

이와 같이 고도의 상상력의 산물로서의 감정이입은 한편으로는 감상자 자신의 감정을 허구적 대상 속에 객관화시키는 것을 의미하며, 다른 한편으로는 주어진 허구적 대상을 자기 마음속에 주관화시켜 자기의 현실적 감정 속에 체험하는 것을 의미한다. 이렇게 볼 때 상상력을 통한 감정이입에 있어서 감상자 자신의 허구적 대상으로의 자기 투사, 내지 자기 상상은 필수적인 것이라 할 수 있으며, 이것은 애초에 존재했던 감상자와의 거리를 무너뜨림으로써 가능한 것이며, 그런 한에 있어서 단지 스토리가 말하는 대로 등장인물들이 행동하고 경험한다는 것을 상상하는, 비개인적 상상하기라는 개념으로서는 이러한 과정이 정확하게 설명되기는 어렵다 하겠다. 다시 말해 감정이입해 들어가는 시뮬레이션 능력이란 단순한 등장인물의 경험에 대한 관찰이나 표상을 넘어 나 자신이 개입된 경험에 대한 상상으로 보아야 한다.

이렇게 볼 때 '단지 이러이러한 것들이 발생한다'고 상상하는 '비개인적 상상하기'는 커리가 언급한 '시뮬레이션 능력을 통해 우리가 단지 다른 사람의 입장에 서 있다는 것을 상상할 뿐 아니라, 우리가 그의 입장에서 우리 자신에 대해 상상하는 바로 그 사람이 될 수 있는지'에 대한 설명으로는 불충분할 것 같다. 왜냐하면 허구 작품을 볼 때 비록 처음에 우리가 '단지 이러 이러한 것들이 발생한다'는 비개인적 상상하기에서 출발한다 할지라도 허구적 인물과 상황에 감정이입해 들어가는 것은 이러한 비개인적 상상하기에서 한 걸음 더 들어가 '우리가 실제 거기에 있다'고 상상하는 과정이 개입되어야 온전히 설명될 수 있기 때문이다.

아른하임과 같은 영화이론가들은 영화는 그것을 보는 사람에게 영화에서 펼쳐지는 허구적인 등장인물과 사건이 진짜 현실이라는 환영을 유발하는 능력을 갖고 있다고 보았다. 즉 영화는 그것을 보는 사람에게 자신이 진짜 사건을 보고 있다고 생각하게 만드는 힘을 가지고 있다는 것이다. 이와 같은 환영주의는 커리가 지적한 바와 같이 카메라의 역할과 보는 사람을 동일시하는 소위 '상상된 관찰자 가설' 위에 서 있다. 즉 영화에만 특유한 환영은 보는 사람이 실제로는 카메라가 차지한 위치이지만, 스스로가 자신의 것이라고 생각하는 위치로부터 사건을 보고 있다는 환영, 즉 스토리상의 사건에 가담하고 있다(present at)는 환영이다.

커리는 이러한 '상상된 관찰자 가설'에 대해 다음과 같은 몇 가지 측면에서 비판하고 있다. 첫 번째 반대는, 영화 관객이 영화상의 허구적 사건을 진짜라고 믿는 사람들이 반응하는 것처럼 반응하지 않는다는 것이다. 물론 커리는 1895년 뤼미에르 형제가 만든 기차의 도착을 보여주는 영화를 보고 사람들이 진짜인줄 알고 도망갔다는 초창기 영화 이야기를 알고 있지만, 이것은 관객들이 영화라는 매체에 그만큼 생소했다는 것을 나타낼 뿐, 영화적 허구에 대한 우리의 전형적인 반응과는 무관하다고 말하고 있다. 결국 커리는 영화에 나오는 위협적인 괴물이나 도끼를 든 살인자에 대해 우리가 실제처럼 도망가는 행위로 반응하지 않는다는 점에서 '상상된 관찰자 가설'을 비판하고 있다.

두 번째로 커리는 영화를 보는 관객의 경험이 카메라와의 동일시라는 '상상된 관찰자 가설'과 양립할 수 없다는 점을 들어 이를 반박하고 있다. 즉 커리에 따르면 카메라와의 동일시는 우리로 하여금 스스로가 특이하거나 불가능한 위치에 있다고 생각하도록 요구한다는 것이다. 그러나 커리에 따르면 그러한 가설은 우리 신체의 타고난 한계를 넘어선 움직임을 감수하도록 하고, 영화 속 등장인물들에게는 보이지 않는 움직임을 하도록 한다는 것이다. 예컨대 전쟁 영화를 관람하는 경우에 전쟁터에 있으면서 동시에 주변의 폭력에 영향 받지 않으면서 사랑하는 연인 옆에 있다고 상상하거나, 지구를 잠깐 동안 태양계 밖에서 보았다가 바로 그 다음 순간에 천장에서 저녁 초대 손님들을 관찰한다고 상상하기는 어렵다는 것이다. 커리는 이처럼 편집이 많이 된 장면들에서 감상자는 상상 중에 영화 속 광경들을 보는 자신의 시점이 바뀌는 것을 인식하지 않을 수 없음에도 불구하고 실제 영화 감상자는 자신이 보고 있는 화면의 시점이 바뀐다는 것을 인식하지 못한다는 점에서 허구 세계 내의 관찰자로서 허구 세계를 직접 관찰하고 있다고 상상하는 것은 이해되기 어렵다고 말하고 있다.

이제 커리의 첫 번째 반론에 대해 먼저 살펴보자. 커리는 위협적인 괴물이나 도끼를 든 살인자가 영화 속에 나온다고 해서 영화 관람자가 실제로 도망가지는 않는다고 '상상된 관찰자 가설'을 반박하고 있지만, 영화를 보는 대다수의 관람자는 비록 실제로 도망가지는 않지만 상당한 심리적 공포심을 느끼는 것이 사실이다. 만약에 커리가 주장하듯이 영화 관람이라는 경험이 '단지 이러 이러한 것들이 발생한다'고 우리가 상상하는 것에 불과한 것이라면, 영화 관람자인 우리가 공포심을 느낄 이유는 없는 것이다. 비록 정도의 차이는 있을지언정 다수의 영화 관람자는 마치 실제로 괴물이나 살인자에게 쫓기는 것과 유사한 감정에 일시적이나마 휩싸이는 것이 사실이다. (특히 관람자인 내가 괴물이나 살인자에게 쫓기는 주인공에게 감정이입이 많이 되어 있는 경우에는 그 정도가 더

심하다.) 그리고 이러한 심리적 영험으로서의 영화 관람 행위는 바로 카메라가 위치해 있는 그 곳에서 직접 내가 그 괴물이나 살인자를 목격하고 있는 것 같은 환영의 경험에서 비롯된 것이라 하지 않을 수 없을 것이다.

두 번째로 커리는 영화는 서로 다른 다양한 시점에서 촬영된 장면들을 편집한 것으로 영화를 관람하는 경우에 '상상된 관찰자 가설'은 옹호되기 어렵다고 보았다. 커리가 이처럼 관람자가 '지구를 태양계 밖에서 보다가 바로 다음 순간 천장에서 저녁 초대 손님들을 관찰하고 있다'고 상상할 수는 없다고 생각한 이유는 바로 커리가 '본다'는 개념과 '시점을 차지한다'는 개념을 근본적으로 분리불가능한 관계로 보기 때문이다. 다시 말해 커리는 '내가 무언가를 본다는 명제는 내가 보는 것과 관련해서 어디엔가 (내가) 위치한다는 명제를 함축한다'[24]고 생각한다.

그러나 '내가 무언가를 본다'는 명제는 '내가 어디엔가 위치한다'는 명제를 함축하지 않는다. 미디어의 발달은 우리 인간의 지각 능력을 엄청나게 확대시켰을 뿐 아니라 인간의 지각 능력을 탈육체화시켰다. 전화기라는 매체가 말하는 나의 동작을 말을 건네는 바로 그 대상으로부터 현실적으로 분리 가능하게 만들었다. 카메라가 발명되기 이전에는 내가 무언가를 보기 위해서는 내가 그 무엇이 있는 곳에 반드시 위치해야만 했다. 문학작품을 감상할 대와 다르게 우리가 영화를 감상할 때 환영의 경험, 즉 마치 내가 그 곳에 있는 듯한 느낌을 갖게 되는 것은 어쩌면 과거 인류의 오래된 경험, 즉 내가 무언가를 볼 수 있기 위해서는 내가 반드시 그 곳에 위치해야만 했던 관습에서 유래하는 것일 것이다. 내가 보는

---

24) G. Currie, 같은 책, 1995, p.178

것은 바로 카메라가 보는 것이고, 카메라가 보기 위해서 그 카메라는 바로 그 현장 (영화 속 장면이 찍히는 현장)에 있어야만 하기 때문에 우리는 영화 속 장면을 보면서 마치 내가 그곳에 있는 듯한 느낌을 갖게 되는 것이라 하겠다.

커리는 자신의 '비개인적 상상하기'를 일종의 감상자가 허구로부터 제시된 내용에 대해서 취하는 태도라는 점에서 '명제 태도로서의 상상하기'라고 설명한다. 다시 말하자면 허구를 감상할 때 우리가 상상하는 것은 허구로부터 주어진 명제 p일 뿐이지 명제 p가 나타내는 사태들에 대한 우리의 지각 행위가 아니다. 즉 감상자는 자신이 허구적인 대상과 하나의 세계 안에 있다고 상상하지 않으며 허구적인 사건들을 대상으로 하는 자신의 행위도 상상하지 않는다. 감상자가 허구적인 대상들을 인식할 수 있다는 것은, 그것을 직접 대면하는 자신을 상상해서가 아니라 그러한 대상들에 대해 알려진 사실을 대하고 있다고 상상함으로써 가능하다. 즉 감상자는 상상을 하는 주체일 뿐 허구적인 대상과 직접적인 관계를 가지는 주체가 되지는 않는다.

따라서 커리에 따르면 허구 작품을 감상할 때 우리는 허구적인 이야기를 사실을 기록한 이야기로서 make-believe하는 게임을 하는 것이 된다. 커리는 이러한 경우에 감상자는 허구적인 사건이 일어난 세계에 자신을 위치시키지 않고도, 허구적 사건을 참으로 여길 수 있게 된다고 본다. 예를 들어 우리가 역사서나 신문을 읽는 경우에 우리는 자신이 사건 현장에 있다고 믿지 않으면서도 그 사건이 참이라고 믿는데, 이와 마찬가지로 커리는 허구 작품을 사실인 이야기로 상상하는 감상자는 허구적인 대상을 직접 지각하지 않고서도 대상들을 참이라고 생각할 수 있게 된다고 본다.

그런데 문제는 이렇게 허구 작품의 감상을 '명제 태도로서의 상상하기' 혹은 '비개인적 상상하기'로 규정하면 허구 작품을 감상하는 것과 비허구적 서술 (예컨대 신문의 보도나 객관적 사실에 대한 보고문 등)을 읽는 것과의 차이가 설명되지 못한다는 점이다. 허구 작품을 감상하는 것과 비허구적 서술문을 읽는 것과의 결정적인 차이는 바로 상상력이 작용하느냐, 작용하지 않느냐의 차이에 있다. 커리가 허구 작품에 대한 감상을 단순한 명제 태도로 파악한다는 것은 결국 커리가 허구 작품 감상에 있어서 가장 중요한 상상력의 본질을 놓치고 있는게 아닌가 하는 의구심을 자아내기에 충분하다.

예를 들어 설명해보자. 톨스토이가 저술한 『안나 카레니나』는 톨스토이가 신문에 난, 젊고 잘 생긴 장교와 바람이 난 한 귀족 부인의 자살 사건을 읽고 영감을 얻어 집필한 허구 작품이다. 톨스토이가 신문에서 읽은, 한 귀족 부인이 달려오는 기차에 몸을 던져 자살한 사건에 대한 보도는 신문을 읽는 독자와 객관적 거리가 유지된 채, '단지 이러 이러한 것들이 발생했다'고 이야기한 것이라 할 수 있다.

그러나 우리는 어느 누구도 신문에 보도된 내용이 톨스토이의 『안나 카레니나』라는 문학 작품과 그 질적인 측면에서 동일한 것이라 생각하지 않는다. 신문을 읽고 무관심하거나 냉담하게, 또는 냉소적으로 반응했을 사람들도 톨스토이의 작품을 읽었을 때에는 안나 카레니나에게 매우 동감어린, 동정적인 감정을 품었을 가능성이 농후하다. 이것은 무엇보다도 허구 작품만이 가질 수 있는, 우리의 상상력을 자극하여 허구 세계로 감정 이입시킬 수 있는 능력에 기인한 것이다. 이와 같은 측면을 고려할 때 커리의 '명제 태도로서의 상상하기'는 허구 작품을 다른 서술적 보고문과 다르게 만드는, 허구 작품만이 갖는 본질적 특성을 설명해내지 못하는 이론이라 하겠다.

6. 월튼과 커리의 make-believe 이론에 대한 종합적 검토

월튼의 상상하기 이론은 아이들의 게임에서 착안하여 예술 작품의 감상을 설명하려는 이론이다. 그는 이러한 설명을 아이들의 게임 구조와 유사한 그림 감상에 적용하여, 이것을 '~을 보고 있음'을 상상하기로 설명한다. 그리고 그림에 대한 이해에서 출발하여 시각적인 재현인 영화와 연극에 대해서도 동일한 상상하기를 적용하고 있다. 이와는 달리 커리는 허구 감상에 있어서 중요한 것은 이야기이며, 따라서 허구 감상에 있어서 상상하기는 허구적 작가가 알려진 사실로서 이야기 해주는 허구 이야기를 전달받는 행위가 된다.

바로 이와 같은 차이점을 매트러버스는 지각적인 모델과 보고문 모델로 명료하게 설명하고 있다. 즉 월튼의 상상하기는 허구 세계 안에서 우리가 등장인물들을 직접 대면한다는 입장인 점에서 지각적인 모델이라 할 수 있으며, 커리의 상상하기는 허구적인 작가가 제시한 허구적인 사건을 기록한 보고문을 대한다는 점에서 보고문 모델이라 할 수 있다.25)

---

25) 이상익, 앞의 논문, 2001, 58쪽 재인용

그런데 대표적인 현대 대중 예술인 영화는 시각적 예술이면서 동시에 서사 구조를 가진 예술이다. 월튼의 상상하기 개념이 주로 그림 감상의 경우에서 비롯된 것이기 때문에, 영화 예술의 감상에 적용될 때 일정한 오해를 야기할 수 있는 여지를 제공한다. 실제로 영화를 구성하는 끊임없이 연속적으로 연결되는 커트들은 주로 감독이 관객에게 이야기하고자 하는 스토리를 중심으로 만들어진 것이기 때문에, 관객의 감상은 대부분 작품의 등장인물과 사건들을 관찰하는 과정 속에서 이루어진다.

바로 이와 같은 측면 때문에 커리는 허구 작품을 감상하는 것은 스스로에 대한 상상이라기보다는 작품의 등장인물과 사건에 대한 상상하기라고 월튼을 비판하고 있다. 그렇다면 논의의 핵심은 과연 영화 감상에 있어서 스스로에 대한 상상하기는 어떻게 설명될 수 있는가 하는 점이 되겠다. 다시 말하자면 커리의 '비개인적 상상하기' 개념이 월튼의 '자신에 대한 상상하기' 개념에 대한 보다 나은 대안이 될 수 있는가 하는 점이 중요하다.

이와 관련하여 커리는 월튼의 무서운 녹색 괴물에 대한 공포 영화를 보는 찰스의 괴물에 대한 반응이 일반적인 것이 아니라고 반박한다. 또한 여기에서 한 걸음 더 나아가 커리의 입장을 지지하는 다들레즈는 찰스의 경험을 덮쳐오는 괴물을 스스로 보고 있음을 상상함으로써 공포를 느끼는 것이 아니라 스크린 상에서 제공된 갑작스러운 음향이나 영상 효과에 의한 일종의 놀람이나 쇼크로서, 무서움을 느낀 것이라기보다는 깜짝 놀란 것일 뿐이라고 주장한다.26)

이와 같은 설명은 찰스가 실제로 느낀 공포의 감정을 통한 영화 관람 경험을 무시하거나 왜곡시키는 것이라 하지 않을 수 없는데,

---

26) E. Dadlez, " What's Hecuba to him? Fictional event and Actual emotions", Syracuse University, 1991, p.76

그 이유는 바로 녹색 괴물이 그를 덮쳐오고 있다는 깨달음이 찰스에게 공포심을 주며, 그 결과 심장이 거칠게 뛰고, 근육이 긴장되는 것을 경험한 것이기 때문이다.

그런데 커리가 언급한 바와 같이 이와 같은 찰스의 경험은 영화를 관람하는 시간 내내 일어난다기보다는 오히려 매우 순간적인 경험이라 할 수 있다. 대부분의 영화 관람 시간은 감독이 들려주는 인물들과 사건들에 대한 관찰하기로 진행된다. 그러나 영상 장면으로 제공되는 인물들과 사건들에 대한 관찰은 카메라가 놓여진 시점에서의 시각 경험으로 이루어진 것이기 때문에 우리에겐 마치 우리가 카메라가 위치해 있는 그 현장 속에 있는 것과 동일한 직접적인 시각적 경험을 하게 해준다. 따라서 우리가 비록 영화 속에 나오는 인물들과 사건들과 함께 그 현장에 있지 않음에도 불구하고 우리는 마치 그 현장 속에 그들과 함께 있는 것 같은 느낌을 갖게 된다.

바로 이와 같은 카메라의 힘 때문에 대다수의 사람들은 문학 감상보다 영화 보기에서 허구적 인물들과 사건들 속에 훨씬 수월하게, 보다 강력하게 심리적으로 동참해 들어간다. 물론 영화 감상에 있어서 관객의 관찰은 장난감을 가지고 노는 아이들의 게임 세계에서처럼 이야기안의 등장인물처럼 기능하지 않고 이야기의 내용과는 직접적인 관계를 갖지 않지만, 그렇다고 커리가 주장하는 바와 같이 완전히 허구 세계 밖에 있다고 보기도 어렵다. 우리가 영화를 볼 때 처음에는 비교적 별다른 감정이입 없이 주인공이 펼쳐나가는 사건의 진행과정을 일정한 거리를 두고 관찰하지만 어느새 우리는 주인공의 내면을 이해하고 거기에 동참하여 주인공의 의도대로 사건이 진행되기를 욕구하게 된다. 결국 우리는 주인공의 좌절에 슬퍼하고, 주인공의 행복에 즐거워하게 되는데, 바로 이러한 현상은 커리가 주장하는, '단지 이러 이러한 것들이 발생한다'고 상상하는 비개인적 상상하기로는 설명될 수 없다 하겠다.

예외적인 몇 몇 경우를 제외하고 일반적으로 영화는 감독이 관객에게 보여주는 스토리의 전개에 따라 이루어지지만, 그 스토리의 전개는 궁극적으로 관객들의 등장인물들에 대한 감정이입을 겨냥해서 만들어진다. 따라서 영화를 구성하는 쇼트(장면)들은 스토리 전개를 위한 대다수의 쇼트들과 등장인물들의 시점에서의 이미지를 보여주는 이른바 '시점 쇼트'들로 이루어져 있다. 전자는 일종의 내레이션을 전개하는 권위자의 시점에서 촬영된 쇼트들로 관객에게 허구 인물들과 사건들을 직접 관찰하게 해주며, 후자는 등장인물의 위치에 카메라를 놓음으로써 관객이 등장인물과 동일한 시각적 경험을 할 수 있게 해줌으로써 등장인물의 감정을 함께 경험하게 해준다.

커리는 후자의 주관적 쇼트가 일반적으로 우리 자신이 바로 그 등장인물이고, 그의 경험을 갖는다고 상상하도록 기능하는 것이 아니라 등장인물의 경험이 어떤 것인가를 상상하는데 도움을 주도록 기능한다고 월튼의 입장을 비판하고 있다.[27] 예컨대 영화 〈Spellbound〉에 나오는 주인공이 우유를 마시는 장면과 같은 주관적 시점 쇼트는 우리 자신의 경험이 아니라 발렌타인이라는 인물의 경험이 어떤 가를 보여주는 것이라고 말하고 있다. 물론 이 장면이 발렌타인의 시각적 경험을 보여주는 것이라는 점에서는 이견이 있을 수 없다. 그러나 이 쇼트가 발렌타인의 주관적 경험임을 알면서 동시에 우리는 그 시각적 경험을 동일하게 경험하게 됨으로써 등장인물의 심리 상태에 동참해 들어가게 된다.

일반적으로 영화 관객들은 악인 (즉 부도덕한 욕망이나 동기를

---

27) G. Currie, 같은 책, 1995, p.179

갖고 있는 인물)이 주인공으로 나오는 영화를 보면서, 그가 분명히 반인륜적인 인간임을 앎에도 불구하고 그의 욕망 (대부분 사회 질서와 안녕을 해치거나 부추기는 행위)에 동참하게 되기도 하고, 그의 불행에 가슴 아파하기도 한다. 만약에 우리가 단순히 '이러 이러한 인간이 이러 이러한 행위를 했다'는, 스토리를 보고문의 형태로 보고 받는 '비개인적 상상하기'를 한다면 그 반인륜적 인물의 욕망에 동참하고 그의 불행에 슬픔을 느낄 이유는 없을 것이다.

이와 같은 여러 측면들을 고려해 볼 때 영화 감상의 경우에 있어서 월튼의 '자기에 대한 상상하기'는 우리가 그림을 감상할 때와 같은 단순하고 단층적인 것이 아니다. 영화 감상에 있어서 '자기에 대한 상상하기'는 스토리 전개에 대한, 참여적인 (자기) 관찰과 등장인물의 경험에 대한, 동참적인 (자기) 경험으로 이루어지는 복합적이고 중층적인 '자기에 대한 상상하기'이다. 비록 월튼이 '자기에 대한 상상하기'를 '어떤 것을 경험하고 있다는 것에 의해서 선험적으로 전제되는 데카르트식의 나'라고 말함으로써 일종의 선험적 전제로서 인정하고 있지만, 상상의 대상이 바로 '나'라고 말함으로써 오해의 여지를 제공하고 있기도 하다. 따라서 월튼의 '자기에 대한 상상하기', 즉 '안으로부터 상상하기'는 그가 주장하듯이 '어떤 것을 경험함, 어떤 것을 함을 상상하기'로 규정될 수 있지만, 그것은 적어도 등장인물의 경험, 등장인물의 행위를 매개로 한 것이고, 그것들을 관찰하는 데에서부터 비롯된 것임을 분명히 지적해야 할 것이다.

참고문헌

_ 이상익, 「허구에 대한 인식과 감정 반응의 관계에 대한 연구 - G. 커리의 허구 이론을
 중심으로」, 서울대학교 미학과 대학원 석사학위 논문, 2001

_ Currie, Gregory, "Visual Fictions", The Philosophical Quarterly, vol. 41,
 "Impersonal Imaging : A Reply to Jerrold Levinson", The Philosophical
 Quarterly, vol. 43, 1991

_ Image and Mind : Film, Philosophy and Cognitive Science, Cambrige
 University Press, 1995

_ Dadlez, E., "What's Hecuba to him? Fictional event and Actual emotions",
 Syracuse University, 1991

_ "Fiction, Emotion, and Rationality", British Journal of Aesthetics, vol. 36, July,
 1996

_ Goldman, A. I., 『철학과 인지과학』, 석봉래 역, 서광사, 1998

_ Walton, Kendal L., Mimesis as Make-Believe : On the Foundation of the
 Representational Arts, Cambrige, Mass., Harvard University press, 1990

_ "Spelunking, Simulation, and Slime : On Being Moved by Fiction", Emotion
 and The Arts, Mette Hjort & Sue Laver ed., Oxford University Press, 1997

3.

헤겔 미학과 그 현재성

Hegel's Aesthetics and its Presence

요약

헤겔 미학은 근대 계몽주의 미학을 자신의 체계 속에 흡수하여 근대 고전주의 미학을 완성시켜 놓았다. 헤겔은 예술미를 이념의 감각적 현상으로 파악하는데, 이때의 이념은 주관적인 것과 객관적인 것의 총체성이다. 이처럼 헤겔에게 있어서 예술의 형식은 내용과 유기적으로 통일된 것으로 예술의 내용에 중요한 것은 총체적인 것, 인륜적인 것으로서의 사회적인 것이다. 이러한 관점에서 헤겔은 분열된 시민사회에서는 더 이상 총체성을 담지한 자립적 개인이 존재하지 못한다고 보고 예술의 종말을 주장한다. 그러나 루카치는 전형성 개념을 통해 헤겔 미학의 사회철학적 성격을 이어받으면서 동시에 시민사회에서의 소설 형식에서 새로운 가능성을 발견한다.

중심어

근대 고전주의 미학, 예술미, 이념, 총체성, 전형성

ABSTRACT

Hegel's Aesthetics has completed the modern classical Aesthetics by accepting the modern Aesthetics of the Enlightenment. Hegel considers the beauty of art as the sensorial appearance of the 'Idee', which is the whole of the subjective and the objective. In Hegel's Aesthetics the art form is inseparable from the art content. What is important in the art content is the social as well as the whole and the humanity. From this point of view, Hegel thinks that the independent individual with the whole contents cannot exist in the modern civil society and so concludes that the art comes to an end. But it can be said that by the concept of the typical, Lukacs succeeds the social philosophical character of Hegel's Aesthetics, overcomes his theory of art-end and discovers the new possibility in the modern novel.

Keyword

the modern classical Aesthetics, beauty of art, Idee, the whole, the typical

I. 서론

현대 시대를 이전 시대와 가르는 가장 큰 특징 중의 하나가 바로 본격적인 대중문화 시대라는 것이다. 이전 시대 그 언제도 현대처럼 대중에 의한, 대중을 위한, 대중의 문화 시대는 없었다. 그러다 보니 대중문화가 이전 시대의 문화에 비해 질적으로 떨어질 수밖에 없음을 우려하는 예술철학자들의 목소리 또한 간과할 수 없다. 맥도널드, 그린버그, 콜링우드의 대중예술 비판론이 대표적인 예이다.[1]

그러나 문화는 그 시대의 얼굴로 끊임없이 변화하고 발전한다. 대중예술 역시 그 탄생 시부터 다양한 실험과 변신을 거치면서 질적으로 자기 혁신을 꾀해왔다고 보아야 한다. 특히 문화상품이 가장 고부가가치를 생산하는 문화산업 시대에 이르러 대중예술의 산업적 성공은 이제 사활을 건 국가 간의 전쟁의 양상을 띠고 있는 실정이다. 이러한 시대적 배경 속에서 콘텐츠에 대한 관심과 논의가 그 어느 때보다 활발한 실정이다.

대중문화 상품의 상업적 성공의 측면에서나 질적인 발전의 측면에서 문화의 콘텐츠 문제를 아리스토텔레스의 미학과 같은 고전에 비추어 심층적으로 다루려고 하는 흐름이 생겨나는 것도 자연스러운 일이 아닐까 한다. 실제로 현대 대중문화를 선도하고 있는 거대한 할리우드 영화산업 안에서는 이미 영화의 콘텐츠를 아리스토텔레스의 미학 원리와 연계시켜 논의하고 있다.[2]

그런데 아리스토텔레스의 미학은 제법 대중적으로 광범위하게 알려져 있음에도 불구하고 또 다른 고전이라 할 수 있는 헤겔 미학은 비교적 많이 다루어져 오지 않았다. 헤겔 미학의 과도한 사변성과 추상성에도 불구하고 헤겔 미학 역시 대중문화 시대의 콘텐츠라는 주제에 대해 우리에게 시사하는 바가 적지 않다. 본 논문은 헤겔 미학의 현재적 수용의 측면에서 가급적 헤겔 미학의 과도한 사변성을 걷어내고 우리가 주목해 봐야 할 몇 몇 측면들을 다루어 보고자 한다.

II. 헤겔 미학의 사적 위치

일반적으로 헤겔 철학은 근대 철학(독일 관념론)의 완성이며, 동시에 종말로 알려져 있다. 헤겔 스스로도 자신의 철학을 나폴레옹에 의해 완성된 근대 시민사회의 성립 과정을 가장 포괄적으로 파악하는 인식의 장으로 설정했다. 이와 마찬가지로 헤겔 미학은 아리스토텔레스의 『시학』에서부터 시작하여, 근대 계몽주의 미학, 근대 고전주의 미학을 자신의 체계 속에 흡수함으로써, 근대 고전주의 미학을 완성시켜 놓았다. 그러나 헤겔 철학이 근대 독일 관념론의 완성임에도 불구하고, 칸트, 피히테, 셸링의 철학과 근본적으로 상이한 독자성을 갖고 있듯이 헤겔 미학 역시 그들의 미학과는 다른 특성을 갖고 있다.

헤겔 미학의 독자성은 바로 미학의 범주를 그 시대의 총체적 내용과 연관시켰다는 점 (즉, 사회화)과 예술 형식의 발전 과정으로서의 예술사와 상응시켰다는 점 (즉, 역사화)에 있다. 그리고 바로 이 점이 헤겔을 예술 사회학의 창시자로 해석하고 있는 입장의 근거가 된다.

헤겔은 역사를 절대정신의 자기 전개 과정을 파악함으로써 자기의 철학적 체계를 완성시킬 수 있었다. 다시 말해 헤겔은 절대정신의 자기 전개 과정을 바로 인류의 발전사, 즉 역사과정과 일치시키고 있다. 절대정신이 주체가 되어 자기를 전개시켜 나간다는 헤겔의 기본 입장은 그의 철학이 갖는 과도한 사변성과 무리한 체계를 낳는다. 이와 마찬가지로 헤겔은 예술의 역사를 이념의 발전 과정으로 파악함으로써 과도한 관념주의로 나아간다.

그러나 헤겔의 절대정신이나 이념을 단지 관념론적 한계에 머무르는 것으로 볼 수만은 없다. 물론 헤겔은 절대정신이나 이념을 주체로 삼아 절대정신이나 이념의 자기전개 과정이라는 기본 입장을 통해 자기 철학적, 미학적 체계를 완성할 수 있었지만 절대정신이나 이념은 매우 유의미한 내용, 즉 중요한 사회 철학적 성격을 담지하고 있는 것이기도 하다.

필자는 헤겔 미학 속에 있는 체계를 위한 체계를 만드는 사변적 성격(내지 역사철학적 성격)은 유의미하지 않다고 보고 헤겔 미학 속에 있는 예술 사회학적 성격에 주목하고자 한다. 이를 위해 우선 헤겔 미학의 가장 핵심이 되는 내용을 먼저 정리해내고 나중에 그 의미에 대해 살펴보고자 한다.

III. 헤겔 미학의 전반적 내용

1. 예술미 (das Ideal) 개념

헤겔에게 있어서 개념이란 실재성의 제 구별들에 대한 추상적인 통일성이 아니라, 상이한 규정성들의 통일, 즉 구체적인 총체성이다. 개념들의 제 계기들은 보편성, 특수성, 개별성이다. 먼저 보편성의 계기는 스스로 자기 자신을 부정하여, 규정성 혹은 특수성으로 되고, 이 특수성은 다시 지양된다. 따라서 개념은 자기의 특수성 속에서 단지 자기 자신과 일치하는 보편성으로서의 진정한 개별성이다. 그리하여 이러한 자기 자신으로서의 과정 속에서 개념은 무한한 부정이 아닌, 자기 자신에 대한 적극적인 통일로서의 자기규정이다.[3]

그러나 이러한 개념은 관념적인 통일성, 즉 주관적인 방식으로 존재한다. 다시 말해 객관성은 개념의 실재성 이외에 다름 아니다. 그리고 이러한 실재성 속에 드러난 개념의 통일성이 바로 이념(Idee)이다. 그리하여 이념은 주관적인 개념과 객관적인 개념의 전체인 현실적이며, 진정한 총체성이다. 따라서 이념은 단적으로 말해 세계의 성립(Bestand)인 실체적인 것이며, 보편적인 것이다. 즉 이념은 진리이다.[4]

그리고 미가 이념인 한에 있어서 미는 진리와 동일하다. 또한 이념이 자신의 외적인 현존재 속에서 의식에 대해 직접적으로 존재하고, 개념이 외적인 현상과의 직접적인 통일 속에서 존재하는 한, 이념은 진리일 뿐 아니라 미이다. 즉 미는 이념의 감각적 현상으로서 규정된다. 그런데 개념과 현상의 일치는 바로 완전한 상호 침투이므로, 외적인 형식과 형상은 내적인 질료(즉 내용)와 분리되어 존재할 수 없고, 형식은 바로 개념에 따라 내재하는 현실성으로서, 즉 개념이 스스로 형상화되는 형식으로서 나타난다.

그러나 여기에서 우리가 주의해야 할 것은 개념의 필연성이 직접 형식 속에 등장해서는 안 되며, 무의도적인 우연성의 현상 뒤에 숨어 있어야 한다.

그리고 예술의 진리는 단순히 자연 모방에 대한 정확성에만 제한되어서는 안 되고, 외적인 것을 내적인 것 (즉 개념)과 일치시켜야 한다. 이것이 바로 하나의 규정된 형식 속에 있는 이념의 예술미, 즉 이념상(das Ideal)이다.

나아가 이념상과 자연과의 관계에서 볼 때, 예술의 내용은 단순히 형식 속에서 표현된 것이라기보다는 정신에 의해서 파악되어 형식 속에서 확장, 변용된 것이다. 다시 말해 자연적으로 존재하는 것은 개별자이나, 표상은 보편자의 규정을 자체 내에 포함하며, 그럼으로써 자연의 개별화와는 다른 보편성의 성격을 갖고 있다. 물론 이때에 예술 작품은 단순한 보편적인 표상이 아니라 그 표상의 규정된 형상화이다. 이러한 근거 위에서 이제 예술 작품의 과제는 대상을 보편성 속에서 파악하는 것이다. 따라서 예술가는 모든 것을 단순히 형식이나 표현 방식에 받아들이지 말고, 사상(Sache)의 올바른 개념에 적합한 특징을 잡아야만 한다.[5]

1.1 보편적인 세계 상태

이상적인 주관성이 살아있는 주체로서 행위 할 수 있기 위해서는 자기실현에 대한 보편적 기반으로서 주위 세계를 필요로 한다. 예들 들어 학문, 종교, 경제, 법, 가족 등의 일반적인 상태를 필요로 하는데, 이러한 모든 측면들은 결국 하나의 동일한 정신과 내용 (일종의 시대정신)의 제 형식들이다.

a. 영웅적인 세계 상태 - 개인적인 자립성

진정한 자립성은 보편적인 것이 개별적인 것을 통하여 비로소 구체적인 현실성을 획득하고, 개별적인 특수한 주체가 보편적인 것 속에서 비로소 흔들리지 않는 기반과 자기 현실성의 진정한 내용을 발견함으로써 가능한, 개별성과 보편성의 일치 속에서만 성립한다.

b. 현재의 산문적 세계 상태

이제 국가가 정치적인 유기체로 형성됨에 따라 객관적인 내용은 이미 주어진다. 따라서 우리 시대의 군주들은 호머의 영웅들과는 달리 더 이상 전체의 구체적인 정점이 되지 못하고, 법과 제도에 의해서 확정된 방향 속에서의 추상적인 중심으로 존재한다.[6] 따라서 우리의 현존하는 세계 상태 속에서 주체는 단지 그 사회의 제한된 부분으로서만 나타나며, 사회의 목표와 활동에 대한 주체의 관심은 무한한 파편적(partikular)이다.

그러나 헤겔은 그 다음 장에서 "이러한 산문적 세계 상태 속에서도 우리는 개인적인 총체성과 살아 있는 자립성에 대한 관심과 욕구에서 떠날 수 없다"고 하며, 심지어 "완성된 시민적이고 정치적 삶 속에서 그와 같은 관심은 유익하고도 이성적인 것으로 인정할 수 있다"고 한다.[7] 그리고 바로 이와 같은 관점에서 헤겔은 쉴러와 괴테의 작품을 잃어버린 자립성을 재획득하려는 시도로 보았다.

1.2 상황

예술이 표현하도록 되어 있는 이상적 세계 상태는 단지 정신적 현존을 일반적으로 결정할 뿐이며, 따라서 단지 개별적 형상의 가능성에 불과하며, 이것이 항상 그 자체를 결정하는 것은 아니다. 왜냐하면 보편적인 세계 상태는 분열의 엄청난 힘이 아직 잠든 상태에 불과하기 때문이다. 그러나 개체성 속에는 본질적으로 규정성이 속하며, 이념상은 규정된 형상으로서 나타나기 때문에 다음과 같은 것이 필연적이다. 즉 이념상은 단지 자기의 보편성 속에 머물러 있지 않으며, 보편적인 것을 특수한 방식으로 표현하고, 그럼으로써 보편적인 것 속에 현존과 형상을 부여한다.

보편적인 힘들이 개인들 속에 현상하는 것은 단지 다음과 같은 특정한 상황 아래서만 일어난다. 즉 그 안에서 전체 현상이 현존재 속으로 나아가는 특정한 상태가 바로 보편적인 세계 상태 속에서는 아직 숨어있는 것들의 활동을 위한 특수한 전제가 되는 상황이다. 따라서 일반적인 의미에서 상황은 한편으로는 규정성으로 특수화되어진 상태이며, 다른 한편으로는 내용의 특정한 표현에 대한 동인자가 된다.[8]

1.3 행위(Handlung)

행위는 상황을 전제로 한다. 그런데 행위의 시작은 규정된 행위의 외적인 최초의 시작이 아니라, 자연적인 과정 속에서의 시작이다. 이때에 산문성 (즉, 상세함, 지루함)에 대조적인 시의 법칙(즉, 사건의 중간에서)이 요구된다. 다시 말해 행위의 시작은 경험적 시작에서가 아니라, 규정된 갈등을 산출하고 나아가 그 갈등의 투쟁과 해소가 특정한 행위를 결정케 하는, 상황에서 파악되어야 한다. 이와 같은 갈등의 투쟁이 겪는 작용, 반작용, 해소라는 총체적 운동으로서의 행위의 표현이 언어 예술에 속한다. 따라서 행위는 개인의 사고와 목표를 가장 분명하게 드러내 준다.[9]

2. 예술미의 특수한 형식들

헤겔은 예술의 특수한 형식들을 이념상의 상이한 양식들(Arten)로서 설명하고 있다.

첫째, 상징주의 예술 형식은 이념이 아직까지 자신의 진정한 예술 표현을 추구하고 있는 단계의 예술 형식이다. 다시 말해 상징주의 예술 형식 속에서 이념은 그 자체 아직까지 추상적이고, 무규정적이며, 그 결과 이념이 자기 자신에 적합한 현상을 갖지 못하고, 외부 대상들을 자연과 인간의 제 사건들 속에서 발견할 뿐이다. 이 단계에서 이념은 이러한 대상성 속에서 자기의 고유한 추상성을 직접적으로 예감하거나, 또는 자기의 무규정적인 보편성을 가지고 하나의 구체적인 현존재 속으로 들어감으로써, 주어진 형상들을 왜곡시킨다. 그 결과 이념은 의미와 형상의 완전한 일치 대신에 단지 유사성과 추상적인 화합에 도달하고, 의미와 형상, 그

둘 상호간의 피상성, 소원성, 부적합성을 낳는다.

둘째, 고전주의 예술 형식 속에서 이념은 그 개념에 따라 더 이상 보편적인 사고와 추상성과 무규정성 속에 머무르지 않고, 그 자체 자유로운 주관성으로 된다. 즉 정신은 이제 자유로운 주체로서 자기 자신에 의해 규정되며, 이러한 자기규정 속에서 자기 자신에 적합한 외적인 형상을 갖는다. 바로 이러한 내용과 형식의 일치 속에 고전주의 예술 양식이 기초하고 있다.

셋째, 낭만주의 예술 형식 속에서 이제 미의 이념은 절대적인 것, 즉 그 자체 자유로운 정신으로 파악되어, 더 이상 외적인 것 속에서는 완전히 실현될 수 없다. 왜냐하면 이념은 자기의 현존을 단지 정신으로서의 자기 자신 속에서만 갖기 때문이다. 따라서 이념은 내면성과 외적인 형상의 고전주의적 일치를 해체해 버리고, 내용과 형식의 분리를 새로이 끌어들인다.[10]

3. 언어 예술(Poesie)

헤겔은 회화나 음악에 대한 세 번째 예술을 언어 예술로 보고, 언어 예술을 정신의 절대적이며 진정한 예술로 보고 있다. 왜냐하면 의식이 기초하고 있고 자기의 고유한 내면 속에서 정신적으로 형상화하는 모든 것은 단지 언어에 의해서만 수용, 표현될 수 있기 때문이다. 따라서 내용의 측면에서 가장 풍부하고 무한한 예술이 바로 언어 예술이다. 그러나 언어 예술이 정신적인 측면에서 획득하는 것을 동시에 언어 예술은 감각적인 측면에서는 잃어버린다. 즉 언어 예술이 내면 속에서 형상화된 정신의 의미를 조형예술에서처럼 직관에 대해서나 음악에서와 같이 단순히 이념적인 감정에 대해서가 아니라, 정신적인 표상과 직관에 대해서만 표현하기 때문이다.

3.1 서사시

서사시의 내용은 그 속에서 개별적인 행위가 발생하는 세계 전체이다. 서사시는 주관적인 기분(서정시)이나 성격의 단순한 개성(드라마)에서 사건의 근거를 갖는 것이 아니라 서사시의 근본 유형을 결정하는 객관성의 형식에 관계한다. 따라서 서사시의 개인은 자기의 주관적 성격에 따른 순수한 행위나 주관적 기분의 돌출을 배제시킨다. 그리하여 서사시는 한편으로는 상황과 그 실재성에 근거하며, 또 다른 한편으로 그를 움직이는 것은, 즉대자적으로 타당한 것, 다시 말해 보편적인 것, 인륜적인 것 등이어야 한다.

이와 같이 서사시적 통일성은 사실상 한편으로는 특수한 행위가 그 자체 완결되고, 또 다른 한편으로는 그 행위의 과정 중에 그 자체 총체적인 세계가 완전한 총체성 속에서 직관되고, 나아가 그 둘이 생동적인 매개와 확고한 통일성 속에 머무르게 될 때에야 비로소 완성된다.[11]

3.2 서정시

이제 세계와 대상들은 개별적 의식에로 삼투되어, 외적 실재들이 주관적 심정의 현재 또는 현실이 된다. 그리하여 객관적인 전체가 내면적 생의 활동성으로 변모된다. 따라서 서정시에 있어서는 외적 대상이 개별적인 주관으로 흡수됨으로써, 직접적이고 우연적인 감정이나 정열이 주관의 전체와 애매하게 혼돈된다. 그러나 이 무의식적 통일, 혹은 정열에 사로잡힘은 주관을 대상화하는 과정을 통하여 지양된다. 그런데 이 주관의 객관화는 활동이나 행위로까지 나아가지는 않는다. 왜냐하면 서정적인 객관화는 다만 직접적인 감정으로부터 주관을 해방하는 정도에 그칠 뿐이기 때문이다. 그렇지만 주관을 해방함으로써 서정시는 감정을 자기 의식적인 직관과 표상의 형식으로 만들 수 있다.

서정적 세계 상태는 객관적인 세계 질서 속에서 개별적인 자아가 자기반성을 하고, 거꾸로 자신을 자립적인 총체성으로 제시할 수 있는 시대이다. 따라서 우연적이고 특이한 정열 및 자의적 욕구 등이 서정시의 전 내용을 이루는 것은 아니다. 이러한 형식적 자립성에 반하여, 진정한 개별적 자립성으로서의 서정적 감정은 실체적인 것, 민족적 관심 등을 주관화한 것이다.[12]

3.3 드라마

드라마는 내용에 있어서나 형식에 있어서 가장 완전한 총체성을 형성하기 때문에 시문학뿐만 아니라 예술 전반에 걸쳐서 가장 최고의 단계이다. 드라마는 서사시의 외면성을 탈각하고, 자기 의식적이고 실천적인 개인을 정립시킨다. 그리하여 사건은 외적인 상황으로부터 초래되기 보다는 내적인 의지와 성격으로부터 초래된다. 그리고 개인은 자신의 완결된 자립성 속에서 존재할 뿐만 아니라, 상황의 종류와 자기 목적의 성질에 따라 타자에 대한 대립과 투쟁 속에 빠져 있는 자신을 발견한다.

따라서 개인의 내면이 아무리 드라마의 중심이 된다 할지라도,

드라마는 단순히 감정의 서정적 상황에 만족할 수 없다. 즉 드라마는 개체적 성격을 통해 상황과 분위기를 규정적으로 보여준다. 따라서 외적 현상은 단순한 사건이 아니고, 개인 자체를 위한 목적을 포함한다.

드라마에 있어서 진정한 내용은 영원한 힘으로서의 즉자, 대자적인 인륜성인데, 이것은 인간적 개체성의 내용과 목적으로 옮겨져야 한다. 따라서 시인은 인간적인 목적, 투쟁, 운명들의 근저에 깔려 있는 내면적인 것과 보편적인 것에 대한 충분한 통찰을 가져야 한다.[13]

4. 근대 낭만주의 예술 비판

헤겔은 이로니 (즉, 낭만주의 문학 원리)의 철학적 원리를 피히테 철학에서 발견한다.[14] 피히테는 모든 인식, 이성의 절대적 원리를 자아(das Ich)로서, 그것도 철저히 추상적이고, 형식적으로 존립하는 자아로서 확정시켰다. 이러한 피히테 철학에 있어서 이제까지 인간에게 가치나 의미 또는 신성함을 가졌던 모든 것들은 자아의 임의의 산물에 불과한 것이 되며, 낭만적, 예술가적 삶의 탁월성은 신적인 천재성, 또는 독창성으로서 인식된다. 낭만주의 예술에 있어서 천재성은 자기 자신이 모든 것을 부정하거나 창조할 수 있기 때문에, 스스로를 모든 것에서 벗어나 해방되어 있다고 생각한다. 주관은 한편으로는 진리를 향하여 객관성을 욕구하지만, 다른 한편으로는 자기 자신으로의 귀속성과 고독성 속에서 벗어나지 못함으로써, 불만족한 추상적 내면성 안에서 동경으로 떨어져 버리게 된다.

그러나 헤겔에 따르면 이와 같이 외적 세계를 무가치한 것으로 무시하는 것은 바로 외면성과 관계하는 용기가 부족한 현대의 주관성의 추상화의 결과이다.[15] 즉 주체가 출생, 지위, 상황을 통하여 이미 즉대자적으로 외적 세계로부터 떠나 있지 못함에도 불구하고, 스스로를 그런 영역의 밖에 두려는 강압의 한 방식에 불과하다. 그러나 진정한 예술미는 무규정적인 것, 단지 내적인 것에 머무르지 않고, 오히려 그의 총체성 속에서 모든 측면의 외적인 것의 규정된 명백성으로까지 나가야 한다. 예술미의 완전한 중심점인 인간은 사는 존재이기 때문에 인간은 본질적으로 지금 여기에 현존하는 개별적 무한성이며, 삶에는 외적 자연과의 대립, 연관, 및 자연 속에서의 행위가 속한다.

낭만주의 예술에서처럼 이로니가 예술 형식으로 될 때에, 예술 작품은 특수한 개체성으로 형상화되지 않고 본래저인 의미의 행위를 다루지 않는, 상상력의 작품으로 성립된다. 즉 이러한 이로니가 갖는 무내용은 무성격을 낳는다.[16] 왜냐하면 진정한 성격에는 한 편으로는 목표의 본질적 내용이, 또 다른 한편으로는 그 목표에 대한 확고함이 속하기 때문이다.

IV. 헤겔 미학의 현재성

앞에서 살펴보았듯이 헤겔은 예술미를 이념(즉 진리)의 감각적 현상으로 파악한다. 그리고 언어 예술에 있어서 예술미의 세 계기를 보편적인 세계 상태, 상황, 행위로 설명한다. 이처럼 헤겔 미학에 있어서 가장 중심이 되는 예술 개념은 사회적 개념이다. 예술과 사회의 관계는 미학의 기본 범주로 파악되고, 예술 철학 분석의 중심에 놓인다. 따라서 헤겔에게 있어서 내용이란 칸트에서처럼 미학 주체의 개별적인 활동의 소산이 아니라, 객관적이고 사회적인 현실성으로부터 나오는 것이다. 즉 미학적 주체의 역할이란 그 당시 사회, 역사적 상황을 직관의 입장에서 관찰하고, 이러한 내용을 예술적으로 재생산하는 것이다. 따라서 헤겔 미학에 있어서 예술의 형식은 내용을 떠나 자의적일 수 없으며, 형식의 성격은 그 것이 그 당시 사회, 역사적 측면을 얼마나 잘 나타낼 수 있는가, 하는 능력에 따라 규정된다.

그런데 헤겔은 여기에서 더 나아가 미학을 체계화시키는 계기로서 역사를 도입한다. 헤겔은 형식 논리적 도식에 따라 예술미 개념(즉 관념)의 선행성에서 출발했기 때문에, 예술의 역사 속에 제공된 작품들에 대한 이론적 반성의 결과일 수 있는 것을 존재적으로 선행하는 것으로 만들었다. 즉 헤겔에게 있어서 예술 형식이란 예술 이념이 자신의 활동성에 의해 발전하는 표출 형식이며, 그 외화의 한 형식이다. 이러한 헤겔의 관념적인 성격은 체계의 경직성을 낳아 미학 일반에 체계 안에 껴 맞추기 식의 구조를 낳았다.

이러한 특성이 함축적으로 드러나는 곳이 바로 헤겔의 예술 종말론이다.

헤겔의 예술 종말론은 다음과 같은 세 가지 관점에서 논의될 수 있다. 첫 번째, 예술이 갖는 직관적 방식은 인식의 불완전한 형식으로서 더 이상 진리를 담을 수 없으므로, 예술은 종교 내지 철학으로 이행될 수밖에 없다는 관점, 두 번째, 상징주의, 고전주의, 낭만주의로 전개 되는 필연적인 예술 형식의 전개 과정은 낭만주의 예술의 해체로, 결국 예술의 종말로 귀결된다는 관점, 세 번째, 이와 관련하여 그리이스 고전주의 예술 형식이 획득했던 예술의 최고 규정성을 현재의 예술이 잃어버렸다는 관점이다. 다시 말해 고대 그리이스 예술의 이상적인 총체성에서 출발한 헤겔은 부르조아 예술의 특성인 분열성을 낭만주의 예술에서 보여지는 주관적인 것과 객관적인 것의 분열로서 보고, 무한성의 실현은 영웅적인 세계 상태 속에서만 가능하다고 생각한다.

그러나 헤겔의 예술 종말론은 제일 먼저 그가 예술의 자립성을 단지 예술이 갖고 있는 인식 도구인 직관에만 환원시켜 버림으로써 예술을 철학의 하위에 놓아 버렸다는 문제점을 드러낸다. 물론 순수 사유의 인식적 차원에 있어서 철학의 예술에 대한 우월성은 이론의 여지가 없다. 그러나 바로 이러한 사실만으로 예술의 종말이 추론되어서는 안 된다. 왜냐하면 예술은 철학하고는 다른 독특한 독자성 (즉, 현실성의 올바른 현상 방식)을 갖고 있기 때문이다.

다음으로 헤겔은 더 이상 주관성이 객관적인 것과 통일되지 않는, 낭만주의 예술의 정점, 즉 '희극의 유머'에서 낭만주의 예술의 해체를 보고, 곧 바로 예술의 종말을 논한다. 그러나 이것은 낭만주의 성립과 그 완성을 예술 일반의 해체로 비약시킨 것이다. 즉 낭만주의 최후의 예술장르인 희극 속에서 극단화된 주관성은 예술 일반의 종말을 의미한다기보다는, 낭만주의 예술의 종말을 의미하는 것이다.

마지막으로 헤겔은 예술미 (즉 이념의 감각적 현상)을 가능케 하는 것을 총체성을 담지한 자립적 개인으로 보고, 이러한 이상적 개인의 자립성은 개별성과 보편성이 직접적으로 일치해 있는 영웅적 세계 상태 속에서만 가능하다고 본다. 그런데 분열과 분화의 힘으로 파악된 근대 시민사회에서는 이러한 자립성이 불가능하다. 바로 이런 입장 위에서 헤겔은 이와 같이 주관적인 것과 객관적인 것이 분열된 시민사회에서 진정한 의미에서의 예술은 불가능하다고 본다.

그런데 헤겔이 괴테와 쉴러를 근데 예술에 있어서 개인적 자립성의 재구성을 시도한 대표적 문학가로 본 것은 의미심장하다.[17] 헤겔은 소설에 있어서 가장 일반적인 갈등을 심정의 시과 관계들의 대립된 산문성 사이의 갈등으로 본다. 그리고 이러한 갈등의 해결은 일반적인 세계질서 속에서 진정하고, 실체적인 것을 발견하여, 이러한 관계와 화해하는 것 (즉 교양소설)이거나, 예술미에 적합한 현실성을 주어진 산문성과 대체시키는 것이 될 것이다. 결국 이러한 관점에 따르면 현존하는 세계 상태가 자기의 분열성(욕망의 무서운 특수화)을 극복하는 데에서만, 예술은 비로소 자신의 최고 규정성을 재획득할 수 있게 된다.

헤겔 미학의 긍정적인 측면을 적극 수용하고 헤겔의 예술종말론을 성공적으로 극복한 이론이 바로 루카치의 미학이다. 루카치는 예술의 형식을 인류 발전에 있어서 의미 있는 내용의 형식으로 보고, 형식의 특수성을 결정하고, 작품 속에 사회적인 의미를 부여하며, 깊고 광범위한 사회 교육적인 영향을 행사하도록 만드는 것을 바로 내용의 특수한 성격에서 찾는다. 다시 말해 예술 형식들에 대한 문제는 내용의 가공이 미적 반영의 원리에 따라 행해질 때에만 비로소 의미 있게 제기될 수 있다고 본다. 또한 루카치는 헤겔의 감각과 이념의 통일로서의 미개념을 발전시켜, 감각적인 개별성과 사상적인 보편성의 통일로서의 특수성 (즉, 전형성) 개념을 도출한다. 즉 개별성은 보편성이 구체적인 현실성을 획득할 수 있게 해주며, 보편성은 개별성의 기반과 진정한 내용을 발견할 수 있게 해준다.

이러한 입장 위에서 루카치는 영웅적 세계 상태와 유사한 새로운 보편적 세계 상태가 아직 마련되지 않고 있는 곳에서도 예술이 종말 된다고 보지 않는다. 즉 헤겔에게 있어서 총체성을 담지한 자립적 개인은 단지 보편성과 직접적으로 일치된 영웅적 세계 상태의 존재이지만 루카치의 전형적 인물은 산문적 세계 상태에서도 보편성을 개별성과의 매개를 통해 획득할 수 있다. 루카치는 소설을 생의 외면적 총체성이 더 이상 명백하게 주어지지 않은 시대에 사는 사람들의 서사시로 보고 있다. 즉 서사시는 그 자체 완결된 생의 총체성을 형상화하지만, 소설은 생의 숨겨진 총체성을 발견하고 형상화하려고 한다. 이처럼 보편성과 개별성의 단순한 직접적 통일로부터 벗어나, 실제적이며 유기적이고 새로운 범주로 되는 통일이 등장하니 이것이 바로 특수성, 즉 전형성이다.[18]

V. 결론

지금까지 필자는 헤겔 미학의 현재성의 관점에서 헤겔 미학의 핵심 내용을 정리하고, 헤겔 미학의 문제점을 예술종말론을 통해 살펴보았다. 헤겔은 예술의 내용에서 예술 형식의 발생론적 우선권을 발견함으로써 칸트와 다르게 예술에 있어서 내용과 형식의 유기적 통일성을 주장했다. 그리고 이때 내용은 사회적인 것으로서, 헤겔이 여기에서 중요시하게 여기는 것이 바로 총체적이고 무한한 것, 즉 실체적인 것과 인륜적인 것으로서의 사회적 내용이다.

그런데 욕망의 무서운 특수화로 분열된 근대 시민사회에서는 주관적인 것이 객관적인 것과 통일되지 못하고 극단화된 주관으로 화한 결과, 더 이상 총체성을 담지한 자립적인 개인이 존재하지 못한다. 헤겔은 이러한 낭만주의 예술형식은 본래적 의미의 예술미에서 벗어났다고 보고 예술의 종말을 주장하기에 이른다. 그러나 헤겔이 괴테나 쉴러의 교양소설에서 새로운 가능성을 인정한 것에서 알 수 있듯이 헤겔의 논의는 완벽하게 논리적 일관성을 보여주지는 않는다. 이러한 점들을 적극적으로 받아들인 루카치는 전형성 개념을 통해 분열된 시민사회에서 소설이란 예술형식을 더 이상 외면적 총체성이 명백하게 주어지지 않은 시대의 서사시로 규정함으로써 소설 속에서 새로운 가능성을 발견하고 있다.

참고문헌

[1] 김영숙, "캐롤의 대중 예술 개념에 대하여", 철학연구 제 91집, pp.47-53, 2004

[2] 마이클 티어노 (김윤철 역), 스토리텔링의 비밀, 아리스토텔레스와 영화, 아우라, 2008

[3] G. W. F. Hegel, Vorlesungen über die Äesthetics Ⅰ, Werke in zwanzig Bänden 13, Theorie Werkausgabe Suhrkamp Verlag Frankfurt am Main, S. 150, 1970

[4] 같은 책, S.190

[5] 같은 책, S. 217

[6] 같은 책, S. 253

[7] 같은 책, S. 255

[8] 같은 책, S. 260

[9] 같은 책, S. 285

[10] 같은 책, S.392

[11] G. W. F. Hegel, Vorlesungen über die Äesthetics Ⅲ, Werke in zwanzig Bänden 13, Theorie Werkausgabe Suhrkamp Verlag Frankfurt am Main, S. 390, 1970

[12] 같은 책, S. 430

[13] 같은 책, S. 481

[14] G. W. F. Hegel, Vorlesungen über die Äesthetics Ⅰ, Werke in zwanzig Bänden 13, Theorie Werkausgabe Suhrkamp Verlag Frankfurt am Main, S. 93, 1970

[15] 같은 책, S. 318

[16] 같은 책, S. 97

[17] 같은 책, S.255-7

[18] G. Lukacs, Probleme des Realismus Ⅰ, Hermann Luchterhand Verlag Gmbh Neuwied und Berlin, 1장, 1965

대중 예술론과 영화감상 이론

초판 1쇄 2016년 7월 29일

지은이 ┃ 김영숙

발행인 ┃ 고민정
펴낸곳 ┃ 한국전자도서출판
주 소 ┃ 경기도 구리시 건원대로 92, 114동 303호 출판그룹 한국전자도서출판
홈페이지 ┃ www.koreaebooks.com
이메일 ┃ contact@koreaebooks.com
팩 스 ┃ 0507-517-0001
원고투고 ┃ edit@koreaebooks.com
출판등록 ┃ 제2016-000002호
ISBN 979-11-957758-1-1 (93680)